한국어 리얼 프레이즈 북

CDブック 気持ちが伝わる!

韓国語
リアルフレーズ
BOOK

石田美智代［著］

研究社

はじめに

　韓流ブームも定着し、韓国のドラマや映画を家庭で普通に見ることができるようになりました。韓国ドラマやK-POPが韓国語を学ぶきっかけだという方が急増しています。最近では、教科書の1課「AはBです」は知らなくても、「愛してる (사랑해요)」「かわいくてたまらない (예뻐 죽겠다)」は知っている、という学習者のほうが多いくらいです。ネイティブの口をついて出てくる言葉、ネイティブならではの言い回し、よく使われる慣用句などを知りたい、使ってみたいという学習者の声も聞かれるようになったのも自然な流れなのでしょう。

　本書では、そのような要望にこたえ、韓国でよく使われている表現を9つのシーンに分けて、おおよそ文字数が少ない順に509個のダイアログを紹介しています。

　本来、会話はそのときの状況、背景などの文脈から切り離すことはできませんが、ここで紹介しているのは一往復のダイアログです。なるべく会話の状況が思い浮かぶような会話を心がけました。より自然で、より楽しい表現になるように、高校やカルチャーセンターでご活躍の鄭淑然先生にご協力をお願いしました。さらに、最近の韓国の言語状況について、「しずおか世界翻訳コンクール」韓国語部門優勝者の朴垠貞さんのアドバイスを頂くことが出来たのは本当に幸運でした。また、原稿が完成した時点で、立教大学兼任講師の矢野百合子先生に、全体を通して注釈や文法説明についてを見ていただき、ご意見を頂きました。この場を借りて感謝申し上げます。

　また、研究社編集部の吉井瑠里さんには、本が完成するまでの果てしない道のりの間、時に韓国語学習者の立場で、時にプロの編集者の立場で支えてくださいました。あわせて感謝申し上げます。

　日本語と韓国語はよく「似ている」といわれますが、学習が進むにつれ、「違い」のほうがより気になるようになるかもしれません。その「違い」から、韓国語の背景である、日韓の社会や歴史や文化について話題が広がる可能性もあります。また日本の言葉や文化に対する興味もわいてくると思います。これこそが外国語学習の醍醐味ではないでしょうか。本書がみなさんの韓国語学習の飛躍につながればこの上ない喜びです。

石田美智代

本書の使い方 ～より効果的な勉強方法～

　本書は9つのチャプターに分けて、実際の会話でもよく使われるフレーズを、おおよそ短い順で配列しています。それぞれ、

　1. 見出しフレーズ（韓国語、カタカナルビ、日本語訳）
　2. ダイアログ（韓国語、日本語訳）
　3. 注釈

の順で並んでいます。どうやって勉強しようか？　という方のために、以下の勉強方法をご提案します。

◇ Step 1:　見出しフレーズだけチェック！
ひたすら見出しフレーズだけを見ていきましょう。短いフレーズをどんどん声に出して、覚えましょう。ぜひとも使いたいフレーズはチェック！　ハングルの読み方にまだ自信がない人は、ルビを参考にしてください。

◇ Step 2:　ダイアログ全体をチェック！
ダイアログでは、見出しフレーズをどのように使うかがよりわかる仕組みになっています。ダイアログの中にも「これ、使える！」と思わせるリアルショートフレーズがたくさん隠れているので、あわせてチェック！

◇ Step 3:　新出単語をチェック！
ダイアログには、通常のテキストではなかなか見られない、でもよく使う語彙を豊富に盛り込みました。韓国語ならではの言い回しや、初めての単語に出会ったら、注釈を見たり、辞書を引いたりして確認してください。ポイントとなる単語には、漢字表記や読み方の解説をつけていますので覚える時の参考にしてください。

◇ Step 4:　文法事項もチェック！
文法事項もあわせて理解できれば、一層のレベルアップが期待できます。口語的な表現に、どんな文法法則があるのかチェック！

◇ Step 5:　索引でさらにチェック！
巻末には、韓国語、日本語の索引がついています。それぞれ眺めながら、このフレーズはどう使うんだっけ？　日本語訳は何だったっけ？　韓国語でどう言うんだっけ？　と思い返してみてください。

◇ Step 6: 置き換えできる余裕を！
見出しフレーズは、あたかも固定表現のように出ていますが、実際はそうではありません。とりあえずは「まる覚え」でもかまいませんが、余裕が出てきたら、ほかの名詞、形容詞、動詞に置き換えできないかな？ と考えることも大切です。イメージをふくらませ、幅広い表現ができるようにしましょう。

CD について

CD には、Chapter 1 から Chapter 8 までの
  1. CD トラック番号 (偶数ページの左端に表示)
  2. 見出しフレーズ日本語訳
  3. ダイアログ韓国語

が入っています。とにかくたくさん聞いて、韓国語のきれいな抑揚を感じながら、リスニング能力を鍛えてください。なお Chapter 9 応用・慣用句フレーズの音声は研究社 HP http://www.kenkyusha.co.jp/ より無料ダウンロードできます。

 実際に声に出して発音練習することも非常に大切です。テキストを見ながら、CD 音声とほぼ同時に (ほんの少し遅れて) 声に出して読む方法 (シンクロリーディング) もおすすめです。速くてついていけないなあと思ったら、適宜 CD を一時停止してもかまいません。自分のペースで音読してください。より正しい発音でのトレーニングは、リスニング能力向上にもつながります。

 慣れてきた人は、CD だけを聞いて少し遅れてあとを追いかけたり (シャドーイング)、さまざまな方法で活用してください。読むときはなるべく CD のまねをするようにしてください。

 そして、実際の会話で、その場面に出くわしたときにさらっと言葉に出せれば、そのフレーズが自分のものとなったと言えるでしょう。

[CD ナレーション]
林　周禧　(NHK 国際放送局アナウンサー、早稲田大学・NHK 文化センター講師)
金　正凡　(NHK 国際放送局アナウンサー、東京国際大学非常勤講師)
黒岩奈奈　(2005 年より声優、歌手、ラジオパーソナリティーとして活動。現在はフリーランス)

※なお、ご使用の機器によっては、付属 CD がうまく再生されない場合もございます。予めご了承ください。

カタカナルビについて

　本書では見出しフレーズにのみカタカナルビを振っています。韓国語には、日本語にはない音がいくつかありますので、カタカナでは表記しきれないのですが、下記のルールにもとづいて読み方を表記しました。学習の参考にしてください。

① 子音 ㄱ(k)、ㄷ(t)、ㅂ(p)、ㅈ(ch) は、有声音（母音、ㅇ、ㄴ、ㅁ、ㄹ）の後では有声音化 (k→g、t→d、p→b、ch→j) します。本書では、分かち書きの語頭の子音は清音で、有声音化した場合には濁音で表記しています。
② 分かち書きされていても、実際の会話では一続きに発音する場合があります。その場合、語頭の子音が清音で表記されていても、濁って発音されることがあります。
③ 韓国語の平音、激音、濃音（例: ㄱ、ㅋ、ㄲ）の区別が日本語にはありません。本書では、基本的にすべて清音で（有声音化する場合を除く）、語中の濃音を撥音で（例: ッカ）表記しています。
④ 韓国語のパッチム（終声）も日本語で表記することが困難です。本書では例えば、삭(sak) を「サク」、삳(sat) を「サッ」、삽(sap) を「サプ」、상(sang) を「サン」、산(san) を「サン」、삼(sam) を「サム」、살(sal) を「サル」とそれぞれ表記しています。本来は末尾に母音をつけずに発音しますので、正しい発音は CD で確認してください。

主な音韻変化

① 鼻音化: ㄱ・ㄷ・ㅂ で発音されるパッチムの次に ㄴ・ㅁ が続くと、パッチム ㄱ・ㄷ・ㅂ は、それぞれ ㅇ・ㄴ・ㅁ で発音されます。（例: 춤네[춤네] ルビはチュムネ）。また、分かち書きされていても、一続きで発音されると鼻音化が生じます。（例: 땅 맞네[땅 만네] ルビはタン　マンネ）。
② 激音化: ㄱ・ㄷ・ㅂ・ㅈ で発音されるパッチムの次にㅎが続くとき、ㄱ・ㄷ・ㅂ・ㅈ は ㅋ・ㅌ・ㅍ・ㅊ で発音されます。（例: 못해[모태] ルビはモテ）。
③ n挿入: 独立した単語が結合して合成語を作るとき、二つ目の単語が 야・여・요・유・이 で始まる場合、n が挿入されることがあります。（例: 무슨 일[무슨 닐ムスン　ニル]）。

CONTENTS

はじめに……………………………………iii
本書の使い方……………………………iv
CDについて………………………………v
カタカナルビについて …………………vi
主な音韻変化……………………………vi

◇ Chapter 1　ベーシックフレーズ……………………… 1
◇ Chapter 2　遊び・グルメフレーズ …………… 27
◇ Chapter 3　自己表現フレーズ……………… 49
◇ Chapter 4　プラス表現フレーズ…………… 71
◇ Chapter 5　不満・辛口フレーズ…………… 87
◇ Chapter 6　注意・忠告フレーズ…………… 107
◇ Chapter 7　恋愛フレーズ ……………………… 125
◇ Chapter 8　ビジネスフレーズ……………… 147
◇ Chapter 9　応用・慣用句フレーズ ………… 171

韓国語索引………………………………… 195
日本語索引………………………………… 199

編集協力　鄭淑然　朴垠貞　崔東煥　矢野百合子

CHAPTER 1

ベーシックフレーズ

あいづちや受け答えなど、どんな場面でも使える、
短くて便利なフレーズを集めました。
簡単な言葉のやりとりから、
コミュニケーションができるようになろう。

1 저,
チョ

▶えっと、

A: **저**, 아까 그분 이름이 뭐였더라?
B: 벌써 잊어버렸어? 치매가 왔나?

> A: えっと、さっきの人の名前、何ていったっけ？
> B: もう忘れたの？ ぼけちゃったんじゃない？

★**저** …言葉がすぐに出てこないときに使う感嘆詞。"**저기**"もよく使う。

★【語幹＋더라】で過去の回想や詠嘆を表す。ここでは "**무엇이다** (何だ)" の過去形 "**뭐었다** (무엇이었다の縮約形)" を使って "**뭐였더라** (何だっけ)"。

★**치매** …痴呆。"**노망** (老妄)" も使う。冗談で使う場合、かなり親しい間柄に限る。

2 그치?
クチ

▶だよね？

A: 아까 너 조금 삐쳤지. **그치**?
B: 삐친 게 아니라 화가 난 거야.

> A: さっき、ちょっとすねてたでしょ、ね？
> B: すねたんじゃなくて、怒っていたんだよ。

★"**그치**" は "**그렇지**" の縮約形。
★**삐치다** …すねる。最近では方言の "**삐지다**" が使われている。
★**화** …怒り。"**화가** (怒りが) **나다** (出る)" で「腹が立つ」。

3 됐죠.
テッチョ

▶いいですよね。

A: 그냥 비긴 걸로 하고 그만 두죠. 그럼 **됐죠**.
B: 그래 그럼 그렇게 하자.

> A: このまま引き分けにしてしまいましょう。それでいいですよね。
> B: うん、じゃあそうしよう。

★**비기다** …引き分ける。貸し借りをゼロにする。
★"**비긴 걸로**" は "**비긴 것으로** (引き分けることに)" の縮約形。
★"**그럼**" は "**그러면** (それでは)" の縮約形。

4 맞아.
マジャ

▶ そうそう。

A: 이번 드라마도 막장이네. 실망했어.
B: **맞아 맞아**, 나도 그렇게 생각해.

> A: 今回のドラマも先がみえみえで、失望だね。
> B: そうそう、私もがっかり。

★ 막장 …どん詰まり。"**막장 드라마**" は「結末が分かりきったドラマ」という意味。

★ "**맞아**" は "**맞어**" とも発音される。強調する場合、例のように2回くり返して使われることもある。

5 별로.
ピョルロ

▶ イマイチ。

A: 이 영화 어때?
B: 어제 봤는데 **별로**였어.

> A: この映画どう?
> B: 昨日見たけど、イマイチだった。

★ 어때 …"**어떻다**"「どのようだ」の非ていねい形。"**어떻다**" は ㅎ変則形容詞。

★ 별로 …別に。それほど。気が進まないときに、"**기분이 별로야.**(気分がイマイチ)" などともよく言う。

6 설마!
ソルマ

▶ まさか!

A: 우리가 우승했어!
B: **설마**! 진짜야?

> A: 優勝だ!
> B: まさか! 本当?

★ 우승 …優勝。

★ 설마 …まさか。いくらなんでも。"**설마가 사람 죽인다.**(まさかが人を殺す)" は、ことわざで「油断大敵」の意味。

CHAPTER 1　3

02

7 실은,
シルン
▶実は、

CHECK✓

A: 실은 헤엄을 칠 줄 몰라요.
B: 그냥 튜브를 타고 있으면 돼.

 A: 実は、泳げないんです。
 B: 浮き輪で浮いているだけでいいよ。

★**실은** …実は。"**실**"は漢字で書くと「実」。
★**헤엄** …泳ぎ。水泳。例) "**헤엄을 치다**（泳ぐ）"。
★**튜브** …浮き輪、tube。

8 역시.
ヨクシ
▶やっぱり。

CHECK✓

A: 미안, 거짓말 했었어.
B: 역시. 그랬었구나.

 A: ごめん、嘘ついてたんだ。
 B: やっぱり。そうだったんだ。

★**거짓말** …嘘。"ㅅ"と"ㅁ"で鼻音化が生じ [거진말] と発音。

★韓国では"**입에 침이나 바르고 거짓말을 해라.**（唇をなめて嘘をつけ）"と言う。嘘をつくと緊張して唇が乾いたままになりすぐにばれるから、と言われている。

9 그래?
クレ
▶そう？

CHECK✓

A: 너희 담임 선생님이 완전 멋있다고 난리가 났어.
B: 그래? 그렇지도 않은데.

 A: 担任の先生が最高に格好いいって大騒ぎだった。
 B: そう？ そうでもないけど。

★**완전** …もともと「完全」の意味だが、若者たちの間では「完璧」の意味から「最高に」の意味で使われる。

★**난리** …騒ぎ。漢字で「乱離」。"**난리가**（騒ぎが）**나다**（出る）"で「騒ぎが起こる」。

★**그래** …"**그렇다**（そのようだ）"の非ていねい形。

4 CHAPTER 1

10 맞지?
マッチ

▶そうでしょ？

CHECK✓

A: 수수께끼 낼게. 세계에서 가장 빠른 개는?
B: 번개 아냐? **맞지**?

> A: なぞなぞ、出すよ。世界で一番早い犬（**개**）は？
> B: 雷（**번개**）じゃない？ そうでしょ？

★**수수께끼** …なぞなぞ。 例）"**수수께끼를 풀어 본다**（なぞなぞを解いてみる）"。

11 진짜?
チンッチャ

▶本当？

CHECK✓

A: 우와! 얼짱 사진이다!
B: **진짜**? 나 좀 보여줘.

> A: わ！ すごい美人の写真！
> B: 本当？ ちょっと見せてよ。

★**얼짱** …「顔が最高」の意味で、"**얼굴**（顔）"と"**짱**"の造語。"**짱**"は"**사장**（社長）"などの"**장**（長）"が変化したもので、一番上を指すことからきている。ほかに"**몸짱**（몸＝体が最高）"、"**올짱**（all＝すべてが最高）"など。

12 춥니?
チュムニ

▶寒いの？

CHECK✓

A: 벌벌 떨고 있네. **춥니**?
B: 아니, 긴장돼서 떠는 거야.

> A: ぶるぶる震えているね。寒いの？
> B: いや、緊張して震えているんだよ。

★**벌벌** …身体が震えるようす。ぶるぶる。

★**떨다** …揺れる、震える。ㄹ変則動詞。

★"**벌벌 떨다**"は「お金を出し渋る」という意味でも使う。"**천원짜리 한장에 벌벌 떤다.**"で「千ウォン札一枚にけちけちする」。

CHAPTER 1

13 그런데,
クロンデ

▶それで、

A: 늦어서 미안해.
B: 괜찮아. 나도 방금 왔어. **그런데** 손에 들고 있는 게 뭐야?

> A: 遅れてごめん。
> B: いいよ、僕も今来たところ。それで、手に持っているのは何？

★**방금** …たった今。漢字で書くと「方今」。
★"**그런데**"は省略して"**근데**"とも言う。
★**들다** …(手に)持つ。富や権力、土地などを所有する場合には"**가지다**(持つ)"を使う。

14 미안해.
ミアネ

▶悪い／ごめん。

A: 오랜만에 맥주나 마시러 갈까?
B: **미안해**. 요즘 간이 안 좋아서 술집하고는 발을 끊었어.

> A: 久しぶりにビールでも飲みに行こうか？
> B: 悪い。最近、肝臓が悪くて居酒屋と手を切ったんだ。

★**간** …肝臓。
★**술집** …居酒屋。
★"**발을(足を) 끊다(切る)**"は「関係を絶つ」という意味。日本語の「手を切る」と同じように使われる。

15 말해 봐.
マレ バ

▶言ってみて。

A: 내일이 내 생일이거든.
B: 갖고 싶은 거 있으면 **말해 봐**.

> A: 明日、私の誕生日なんだけど。
> B: 欲しいものがあるなら、言ってごらん。

★**생일** …誕生日。漢字で書くと「生日」。
★**갖다** …持つ。"**가지다**"の縮約形。"**갖고 싶다**(持ちたい)"で「欲しい」の意味。

16 맙소사!
マプソサ
▶マジで！

A: 맙소사! 흰머리가 이렇게 많이 났어!
B: 그러게 말이야.

A: マジで！ 白髪がこんなに！
B: ああ、本当だね。

★ **맙소사** …意外な時、失敗した時などに使う感嘆詞。「まさか」「やれやれ」などとも。
★ "**흰** (白い) **머리** (頭、髪の毛)" で「白髪」。

17 알았어.
アラッソ
▶わかった。

A: 나 안 가. 죽어도 안 가.
B: 알았어. 나 혼자 갈게.

A: 私は行かない。絶対に行かない。
B: わかった。一人で行くよ。

★ "**죽어도**" は「死んでも」の意味。「何があっても」「絶対」など強調する場合に使う。
★ **혼자** …一人で。"**혼자서**" とも言う。「二人で」 は "**둘이서**"。

18 어쩐지.
オッチョンジ
▶どうりで。

A: 어머, 옷을 거꾸로 입었네.
B: 어쩐지. 이상하더라.

A: あっ、服を逆さまに着てた。
B: どうりで。おかしいと思った。

★ **거꾸로** …逆に。例) "**앞뒤 거꾸로 입었다** (前後逆さまに着た)"。
★ **이상하다** …おかしい。変だ。"**이상**" は漢字で書くと「異常」。
★【語幹＋**더라**】で過去の回想を表す。「～だったよ」の意味。

CHAPTER 1　7

19 있잖아,
イッチャナ
▶あのね、

A: **있잖아**, 이건 비밀인데.
B: 뭔데? 아! 그거 어제 들었어.

> A: あのね、これは内緒なんだけど。
> B: 何？ あぁ！ それ、昨日聞いたよ。

★**비밀** …秘密。ここでは「内緒」の意味。例）"**비밀이야기**（内緒話）"。
★**듣다** …聞く。ㄷ変則動詞。"**들었어**"は過去の非ていねい形。

20 의외로
ウィウェロ
▶意外と

A: 첫인상은 어땠어?
B: **의외로** 수수한 사람이었어.

> A: 第一印象はどうだった？
> B: 意外と地味な人だった。

★**첫인상** …第一印象。パッチム"ㅅ"がdの音で連音化するので［처딘상］と発音。
★**의외로** …意外に、意外と。"**의외**"は漢字で書くと「意外」。"**뜻밖에**"も「意外に」の意味でよく使う。
★**수수하다** …地味だ、控えめだ。

21 왜 그래?
ウェ クレ
▶どうして？

A: 너랑 이제 말 안 할래!
B: **왜 그래**? 어떻게 하면 기분이 풀리겠니?

> A: もうあなたとは口を利かないから！
> B: どうして？ どうしたら機嫌が直るかな？

★"**기분이**（気分が）**풀리다**（ほぐれる）"で「機嫌が直る」。

22 좋겠네.
チョッケンネ

▶いいな。

A: 복권 당첨됐으면 **좋겠네**.
B: 1등 당첨금액은 얼마일까?

> A: 宝くじに当選したらいいな。
> B: 1等の当選金額はいくらなんだろう？

★**복권** …宝くじ。漢字で書くと「福券」。単なる「くじ」は"**제비**"。

★"1**등**"の発音は [**일뜽**]。

★**당첨** …当選。"**당첨**（当選）**되다**（なる）"で「当選する」。

23 잘 되냐?
チャル テニャ

▶うまくいってる？

A: 장사 **잘 되냐**?
B: 그럭저럭 먹고 살 만해.

> A: 商売、うまくいってる？
> B: どうにか食べていっているよ。

★**장사** …商売。

★**그럭저럭** …それなりに。

★【動詞語幹＋ㄹ/을 만하다】で、「〜に適する」「〜に値する」という意味を表す。ここでは、"**살다**（生活する）"を使って"**살 만해**（生活するに値する）"。"**살다**"はㄹ変則動詞。

24 뻔한데.
ポナンデ

▶わかりきってるよ。

A: 결승전 안 보니?
B: 응, 안 봐. 보나 마나 결과는 **뻔한데**.

> A: 決勝戦、見ないの？
> B: うん、見ない。見ても見なくても結果はわかりきってるよ。

★【語幹＋(으)나】で逆接を表す「〜ても」の意味。ここでは"**보다**（見る）"と"**말다**（止める）"を使って"**보나 마나**（見ても見なくても）"。"**말다**"はㄹ変則動詞。

★【形容詞語幹＋ㄴ/은데】で「〜のに」「〜だよ」の意味。ここでは"**뻔하다**（わかりきっている）"を使って"**뻔한데**（わかりきってるのに）"。

CHAPTER 1 9

25 그렇구나.
クロクナ

▶ そうなんだ。

A: 그 사람은 우울증 증세가 좀 있는 것 같아.
B: 아, **그렇구나**. 난 몰랐어.

> A: あの人は、すこしうつ病ぎみみたい。
> B: ああ、そうなんだ。知らなかったよ。

★ 우울증 …うつ病。漢字で書くと「憂鬱症」。
★ 증세 …症状。漢字で書くと「症勢」。

26 뜻밖인데!
トゥッパキンデ

▶ 意外だね！

A: 여기서 만나다니 **뜻밖인데**!
B: 그러게. 세상 참 좁구나.

> A: ここで会うなんて意外だね！
> B: 本当に。世の中狭いなあ。

★ "**뜻**(意味) **밖**(外)"で「意外」の意味。
★【指定詞語幹＋ㄴ데】で詠嘆を表す。「～だね」「～だな」の意味。
★ 그러게 …相手の言葉に同意するときに使う感嘆詞。「まったくだ」「その通りだ」。

27 그거 봐라.
クゴ ポァラ

▶ そら見ろ。

A: 내가 착각했나 봐.
B: **그거 봐라**. 내 말 안 들어서 그래.

> A: 私が勘違いしてみたい。
> B: そら見ろ。僕の言うことを聞かないからだよ。

★【動詞語幹＋나 보다】で「～みたいだ」「～らしい」の意味。ここでは、"**착각하다**(錯覚する)"の過去形"**착각했다**"を使って"**착각했나 보다**(錯覚したらしい)"。
★ "**안 들어서 그래**"は「聞かないから、そうなったのだ」の意味。

28 그냥 그래.
クニャン クレ

▶何となく。

A: 요즘 뭐 하니? 취직은 했어?
B: 아니, **그냥 그래**. 집에서 빈둥거려.

> A: 最近どうしてるの? 就職した?
> B: いや、何となく。家でぶらぶらしてる。

★**그냥** …ただ、意味もなく。
★**빈둥거리다** …怠けてごろごろする。

29 나도 그래.
ナド クレ

▶私も。

A: 여기 처음 왔는데 눈에 익었다는 느낌이 들어.
B: **나도 그래**. 아마 도시 풍경이 다 비슷해서 그건 것 같아.

> A: 初めて来たのに、見覚えがある感じがする。
> B: 私も。たぶん都市の景色はみんな似ているからじゃないかな。

★"**눈에**(目に) **익다**(慣れる)"は「見覚えがある」という意味で使われる。
★**풍경** …景色。漢字で「風景」。

30 니 덕이야.
ニ トギヤ

▶君のおかげだ。

A: 잘 해결돼서 다행이네.
B: 고마워. 모두 **니 덕이야**.

> A: うまく解決してよかったね。
> B: ありがとう。全部君のおかげだよ。

★**다행** …幸い。幸せ。漢字で「多幸」。
★**덕** …恩恵。おかげ。漢字で「徳」。
★"**니**"は"**네(너의)**(君の)"の口語体。

CHAPTER 1　11

31 뭐라 할까….
ムォラハルッカ

▶何ていうか…。

CHECK✓

A: 그 영화 어땠어?
B: **뭐라 할까…**. 마치 고문 받고 있는 느낌이었어.

　A: あの映画、どうだった？
　B: 何ていうか…。まるで拷問受けてる感じだったよ。

★「これ、それ、あれ」等の指示代名詞は、日本語と韓国語で使い方が若干ずれる。頭の中で思い浮かべている場合、日本語で「あの映画」というところが、韓国語では"**그 영화**"と"**그**(その)"を使うことが多い。

★**마치** …まるで。

32 어디 보자.
オディ ポジャ

▶どれどれ。

CHECK✓

A: 엄마, 배 아파.
B: **어디 보자**. 엄마가 만져 줄까? 엄마 손은 약손이야.

　A: ママ、お腹痛い。
　B: どれどれ。なでなでしてあげようか？ 痛いの痛いの飛んでけ。

★"**엄마 손은 약손**"の"**약손**"は、痛いところをさする大人の手のことを指す。全体を直訳すると「お母さんの手はよく効く手」つまり「痛いの痛いの飛んでけ」になる。

33 할 수 없지.
ハル ス オプチ

▶仕方ない。

CHECK✓

A: 몸이 너무 안 좋아서 콘서트에는 못 가겠어. 미안해.
B: 괜찮아, **할 수 없지**. 다음에 같이 가자.

　A: 具合が悪くてコンサートには行けそうもないよ、ごめん。
　B: いいよ、仕方ない。また今度一緒に行こう。

★"**몸이**(体が)**안 좋다**(良くない)"で、「具合が悪い」の意味。

★【語幹＋ㄹ/을 수 없다】で不可能をあらわす。ここでは"**하다**(する)"を使って"**할 수 없다**(することができない)"。「仕方がない」の意味で使われる。

34 그랬던가?
クレットンガ

▶ そうだっけ？

A: 오늘 한턱 낸다고 했지?
B: 내가 **그랬던가**? 기억이 안 나는데.

> A: 今日、ご馳走してくれるって言ったよね？
> B: 言ったっけ？ 思い出せないな。

★ **한턱** …おごり。ご馳走すること。"**한턱을** (おごりを) **내다** (出す)" で「おごる」。
★ 【語幹＋던가】で、過去を回想しながら自問する。「〜したかな」「〜だったかな」。
★ "**기억이** (記憶が) **나다** (出る)" で「思い出す」の意味。

35 어떡하지?
オットカジ

▶ どうしよう。

A: 낙제했어. **어떡하지**?
B: 그래서 그랬잖아. 더 열심히 공부하라고.

> A: 落第しちゃった。どうしよう。
> B: だから言ったじゃない。もっと勉強しろって。

★ **낙제** …落第。
★ 【語幹＋지】で、話し手の判断や意志を表す。「〜しよう」「〜するよ」の意味。ここでは "**어떡하다** (どうする)" を使って "**어떡하지** (どうしよう)"。"**어떡하다**" は "**어떠하게 하다** (どのようにする)" の縮約形。

36 정말이야?
チョンマリヤ

▶ 本当なの？

A: 감독님이 그만두신대.
B: **정말이야**? 누가 그래?

> A: 監督が辞めるんだって。
> B: 本当なの？ 誰が言ってた？

★ "**그만** (それくらいで) **두다** (放っておく)" で「辞める」の意味。ここでは尊敬の "**시다**" がついている。
★ "**정말이야?** (本当なの?)"、"**진짜야?** (マジ?)"、"**사실이야?** (事実なの?)" いずれもよく使う。

CHAPTER 1

37 왜 그럴까?
ウェ クロルッカ

▶何でだろう？

A: 그 친구가 날 피하는데, 왜 그럴까?
B: 너한테 뭐 잘못한 거 아냐?

> A: あの子が私を避けるんだけど、何でだろう？
> B: 何か後ろめたいことでもあるんじゃない？

★ "날" は "나를" の縮約形。
★ 피하다 …避ける。"피" は漢字で書くと「避」。
★ 잘못하다 …間違える、誤りを犯す。パッチム "ㅅ" と "ㅎ" で激音化するので [잘모타다] と発音する。

38 요즘 어때?
ヨジュム オッテ

▶最近どう？

A: 직장생활은 요즘 어때?
B: 업무가 바뀌어서 적응하기가 어려워.

> A: 仕事は、最近どう？
> B: 業務が変わって、慣れるのが大変なんだ。

★ 직장생활 …職場生活。仕事。
★ 업무 …業務。
★ 【動詞語幹+기 어렵다】 は「〜し難い」「〜できそうもない」という意味で使われる。ここでは "적응하다（適応する）" を使って "적응하기 어렵다（適応しにくい）"。

39 글쎄말이야.
クルッセマリヤ

▶まったく。

A: 너 들었니? 사촌언니가 이혼했대. 잉꼬부부였는데.
B: 글쎄말이야. 정말 인생은 모르는 거야.

> A: 従姉が離婚したんだって。おしどり夫婦だったのに。
> B: まったく、人生ってほんとわからないね。

★ 사촌 …いとこ。"언니" は妹からみた姉なので "사촌언니" は従姉。このように "사촌" の後ろにきょうだい関係の言葉をつけてよく使う。"사촌동생" は「年下のいとこ」。
★ 잉꼬부부 …おしどり夫婦。
★ "글쎄말이야" は、否定的なことがらに対して婉曲的に同意する場合に使う。

40 알았다니까.
アラッタニッカ

▶わかったってば。

A: 도서관에 책 돌려주는 거 잊지 마. 알았지?
B: **알았다니까.** 내가 그것도 기억 못할 것 같아?

> A: 図書館に本を返すの、忘れないで。わかってる？
> B: わかったってば。そんなに忘れそう？

★**돌려주다** …返す。返却する。
★"**기억 못할 것 같아**" は直訳すると「記憶できないようだ」。

41 조심하세요.
チョシマセヨ

▶気をつけてください。

A: 천장이 낮아서 머리를 부딪치겠다.
B: 바닥도 미끄러우니까 발밑도 **조심하세요.**

> A: 天井が低くて頭をぶつけそうだ。
> B: 床もすべるから、足元にも気をつけてください。

★**천장** …天井。
★"**발(足)밑(下)**" で「足元」の意味。
★"**조심**" は漢字で書くと「操心」。例)"**머리 조심하세요**(頭上にご注意ください)"。

42 그게 아니라,
クゲ アニラ

▶そうじゃなくて、

A: 미용실에 갔어?
B: 원래 곱슬머리예요.
A: **그게 아니라,** 염색했냐고.

> A: 美容院に行ったの？
> B: もともと天パーですよ。
> A: そうじゃなくて、染めたのかって。

★**곱슬머리** …天然パーマ。反対は "**직모(直毛)**"。
★**염색** …漢字で「染色」。"**염색하다**" で「染める」。
★【語幹+냐고】で「〜のかと」「〜かだって」と疑問の引用を表す。

43 마침 잘됐다.
マチム チャル テッタ

▶ちょうどよかった。

A: 지금 너한테 전화하려던 참이었는데 **마침 잘됐다**.
B: 그래, 기다리다가 지쳐서 내가 전화했어.

　A: 今、君に電話しようとしていたんで、ちょうどよかった。
　B: そうだよ、待ちくたびれたからこっちから電話したの。

★【動詞語幹+려던】で「〜しようとしていた」の意味。"**려고 하던**"の縮約形。
★**참** …とき。つもり。ところ。
★**마침** …ちょうど。
★【語幹+다가】で、続けていた動作が止んだ状態を表す。"**기다리다가**（待って）**지치다**（くたびれる）"で「待ちくたびれる、しびれを切らす」。

44 안부 전해줘.
アンブ チョネジョ

▶よろしく言っといて。

A: 다음 달 동창회에 갈래?
B: 아니, 못 가. 나 대신 **안부 전해줘**.

　A: 来月の同窓会に行く?
　B: いや、行けないんだ。私の代わりによろしく言っといて。

★**대신** …かわり。漢字で書くと「代身」。
★**안부** …漢字で「安否」。"**안부 전화**" "**안부 편지**"ともいい、その場合は「近況の電話」「近況の手紙」の意味。

45 그러고 보니,
クロゴ ポニ

▶そういえば、

A: 그러고 보니, 한잔 하자는 약속이 무산 됐네.
B: 그럼 다음에 다시 날짜를 잡자.

　　A: そういえば、一杯飲もうって約束、流れちゃったね。
　　B: また計画しようよ。

★무산 …霧散。"무산이 (霧散に) 되다 (なる)"で「流れる」。
★"날짜를 (日にちを) 잡다 (つかむ)"で「スケジュールを決める」「計画する」の意味。

46 그러면 좋지.
クロミョン チョチ

▶それならいいね。

A: 제가 먼저 가서 자리를 잡아 둘까요?
B: 그러면 좋지. 우리도 이따 갈게.

　　A: 私が先に行って、席をとっておきましょうか？
　　B: それならいいね。われわれもあとで行くよ。

★【動詞語幹＋아/어 두다】で、「〜しておく」という意味。ここでは"잡다 (とる)"を使って"잡아 두다 (とっておく)"。
★이따 …少しあとで。"이따가"ともいう。
★【語幹＋ㄹ/을까】で疑問を表す。「〜だろうか」の意味。文末に"요"をつければていねい形。

47 어떻게 알아?
オットケ　アラ

▶何で知ってるの？

A: 이게 정답인지 **어떻게 알아?**
B: 작년에도 같은 문제가 나왔거든.

> A: これが正解だって何で知ってるの？
> B: 去年も同じ問題が出たんだよ。

★日本語では「なぜ知っているのか」と「なぜ」を使うが、韓国語では "**어떻게**"「どのように」を使う。

★ "**알아**" は "**알어**" とも発音される。

48 내가 그랬나?
ネガ　クレンナ

▶そんなこと言った？

A: 어제 모임에 온다고 해 놓고 왜 안 왔어?
B: 내가 그랬나?

> A: 昨日の集まりに来るって言って、なんで来なかったの？
> B: 私がそんなこと言った？

★【動詞語幹＋**아/어 놓다**】で準備的動作を表す。「〜しておく」の意味。ここでは "**하다** (する、言う)" を使って "**해 놓고** (言っておいて)"。

49 지금 괜찮아?
チグム ケンチャナ

▶今、いい？

A : 왜 인상 쓰고 있어?
B : 너한테 할 얘기가 있는데, **지금 괜찮아**?

　　A : なんでしかめっ面なの？
　　B : 君に話があるんだけど、今、いい？

★ **인상**は漢字で「人相」と書く。"**인상을**(人相を) **쓰다**(使う、動かす)"で、不愉快なことなどによって表情が険悪になることを言う。

★ "**얘기**"は"**이야기**(話)"の縮約形。

50 잘 모르겠어요.
チャル モルゲッソヨ

▶よくわかりません。

A : 선 봤다면서? 어땠어?
B : 한번 만나서는 **잘 모르겠어요**.

　　A : お見合いしたんだって？ どうだった？
　　B : 一度会っただけではよくわかりません。

★ **선** …見合い。"**맞선**"ともいう。"**선을 보다**"で「見合いをする」。

51 아마 그럴거야.
アマ クロルコヤ

▶多分そうだと思う。

A : 저 슈퍼가 제일 싸게 판다고?
B : **아마 그럴거야**.

　　A : そのスーパーが一番安いって？
　　B : 多分そうだと思う。

★ **슈퍼** …"**슈퍼마켓**(スーパーマーケット)"の短縮形。

★ **제일** …漢字で「第一」と書き、「一番」「もっとも」の意味。

★ 【動詞語幹＋ㄴ/는다고】で確認や主張を表す。「〜だって」「〜だってば」の意味。"**팔다**(売る)"はㄹ変則活用動詞なのでパッチムのㄹが脱落し"**판다고**"となる。

CHAPTER 1

52 정말 그러네요.
チョンマル クロネヨ

▶なるほど。

A: 남편이 해고당했는데요.
B: 그래요? 어떡하죠?
A: 그런데 더 좋은 회사에 취직됐어요. 이런 걸 전화위복이라고 하죠.
B: 정말 그러네요.

> A: 夫が解雇されましてね。
> B: ああ、それは大変だ。
> A: でももっといい会社に就職したの。こういうのを災い転じて福となるっていうでしょ。
> B: なるほど。

★**전화위복** …災い転じて福となる。漢字で「転禍為福」。同じ意味で"**인간만사 새옹지마**（人間万事塞翁が馬）"もよく使う。漢字で「人間万事塞翁之馬」。

53 그러면 그렇지.
クロミョン クロチ

▶そりゃそうだよ。

A: 이번에는 꼴찌에서 두 번째야.
B: 그러면 그렇지. 하나도 공부 안 하더라.

> A: 今回、ビリから二番目だ。
> B: そりゃそうだよ。まったく勉強しなかったんだから。

★**꼴찌** …ビリ、最下位。例）"**꼴찌에서 세어서 두 번째**（ビリから数えて二番目）"。
★**하나도** …ひとつも。

54 그러게 말이야.
クロゲ マリヤ

▶まったく。

A : 요새 기름값이 너무 비싸네요.
B : **그러게 말이야**. 달러 약세 때문인가?

　　A : 最近のガソリン代、高すぎますね。
　　B : まったく。ドル安のせいなのかな？

★**약세** …漢字で「弱勢」。例)"**엔화 약세** (円貨弱勢)"で「円安」。
★**달러** …ドル。
★【名詞＋**때문**】で「〜のせい」「〜のため」「〜のわけ」という意味。

55 그렇지도 않아.
クロチド アナ

▶そうでもないよ。

A : 넌 여자친구 많잖아.
B : **그렇지도 않아**. 다 그냥 친구야.

　　A : ガールフレンドがいっぱいいるじゃない。
　　B : そうでもないよ。みんなただの友達だよ。

★"**여자** (女子) **친구** (友達)"で「ガールフレンド」。若者の間では、これを"**여친**"、"**남자친구** (ボーイフレンド)"を"**남친**"と省略して使う。
★【語幹＋**잖다**】で「〜じゃない」の意味。"**지 않다**"の縮約形。ここでは"**많다** (多い)"を使って"**많잖아** (多いじゃない)"。

56 그럴 줄 알았어.
クロル チュル アラッソ

▶そうだと思った。

A : 그럴 줄 알았어.
B : 그럴 줄 알았으면 미리 얘기 좀 해주지.

　　A : そうだと思った。
　　B : そうだと思ったなら、先に言ってよ。

★**미리** …あらかじめ、前もって。
★【語幹＋**지**】で、自分の判断や意志を表す。「〜だろう」「〜するよ」の意味。

57 그럴 리가 없어.
クロル リガ オプソ
▶そんなはずない。

A: 우리 아들이 도둑질을 했다니.
B: **그럴 리가 없어**. 우리 애가 얼마나 착한데.

　　A: 息子が盗みを働いたって。
　　B: そんなはずない。うちの子がどんなにいい子か。

★【語幹＋ㄹ/을 리】で「～のわけ」「～のはず」の意味。"리"は漢字で「理」と書く。
　例)"예쁠 리가 없다 (かわいいはずがない)"。
★**착하다** …善良だ、おとなしい。

58 믿을 만한가?
ミドゥル マナンガ
▶信じていいの？

A: 새로 생명보험에 들었어요.
B: 어느 회사 보험인데? 그 회사는 **믿을 만한가**?

　　A: 新しく生命保険に入ったよ。
　　B: どの会社の保険？ その会社、信じていいの？

★"**보험에 (保険に) 들다 (入る)**"で「保険に入る」。
★【語幹＋ㄹ/을 만하다】で「～に適する」「～し得る」の意味。ここでは"**믿다 (信じる)**"を使って"**믿을 만하다 (信じるに値する)**"。

59 어떻게 생각해?
オットケ センガケ
▶どう思う？

A: 김주임이 회사를 그만둔 거 **어떻게 생각해**?
B: 그만한 이유가 있었겠지.

　　A: 金主任が会社をやめたの、どう思う？
　　B: それなりの理由があったんだろうね。

★【名詞＋만하다】で、それと同じくらいの程度であることを表す。ここでは"**그 (それ)**"という指示代名詞を使って、"**그만하다 (それくらい、それなりの)**"。
★【語幹＋겠다】で推量を表す。「～だろう」の意味。ここでは"**있다 (ある)**"の過去形"**있었다**"を使って"**있었겠다 (あっただろう)**"。

60 궁금하지 않니?
クングマジ アンニ
▶気にならない？

A : 어떤 소문을 들었는지 **궁금하지 않니**?
B : 아니, 전혀 관심이 없어.

　　A : どんなうわさを聞いたのか、気にならない？
　　B : いや、まったく興味ない。

★【動詞語幹＋는지】で間接疑問を表す。「～かどうか」「～するのか」の意味。ここでは "듣다 (聞く)"の過去形"들었다"を使って"들었는지 (聞いたのかどうか)"。

★전혀 …まったく。"전"は漢字で書くと「全」。

★관심 …興味。漢字で「関心」。"흥미 (興味)"も使うが、"관심"を使う方が一般的。

61 내 말 듣고 있어?
ネマル トゥッコ イッソ
▶聞いてる？

A : 야! **내 말 듣고 있어**?
B : 그럼, 귀 기울여 듣고 있지.

　　A : ねえ！ 聞いてる？
　　B : もちろん。ちゃんと聞いているよ。

★그럼 …もちろん。ほかに「それなら」「では」の意味でも使う。例) "**그럼, 먼저 실례하겠습니다.** (では、お先に失礼します)"。

★"**귀를 (耳を) 기울이다 (傾ける)**"で、「ちゃんと聞く」という意味。"**귀 기울여 듣고 있지.**"は直訳すると、「耳を傾けて聞いているよ」。

62 지금 시간 있어?
チグム シガン イッソ
▶今、時間ある？

A : **지금 시간 있어**? 할 얘기가 있는데.
B : 뭔데? 새삼스럽게.

　　A : 今、時間ある？ 話があるんだけど。
　　B : なんなの？ あらたまって。

★"할 얘기"の"할"は"하다"の連体形未来。

★새삼스럽다 …いまさらのようだ。あらためて。

63 그런거 아니겠어?
クロンゴ アニゲッソ

▶そんなもんじゃない？

A : 시험 또 떨어졌어. 이번에는 붙을 줄 알았는데.
B : 사법고시란 게 다 **그런거 아니겠어?**

 A : 試験にまた落ちたよ。今回は受かると思ったのに。
 B : 司法試験って、みんな、そんなもんじゃない？

★**시험** …試験。例）"**시험에 붙다**（試験に受かる）"。
★**사법고시** …司法試験。漢字で書くと「司法高試」。

64 나중에 설명할게.
ナジュンエ ソルミョンハルケ

▶後で説明するよ。

A : 왜 인어공주는 죽어 버렸어요?
B : 그건 **나중에 설명할게**. 지금 말하면 재미 없잖아?

 A : どうして人魚姫は死んじゃったの？
 B : それは後で説明するよ。今言ったらおもしろくないだろ？

★**인어공주** …人魚姫。漢字で書くと「人魚公主」。「白雪姫」は "**백설공주**（白雪公主）"。
★自分がお姫様のように美しくて誇り高いと勘違いしている女性のことを "**공주병**（公主病）" と揶揄することがある。

65 아무것도 아니야.
アムゴット アニヤ

▶何でもない。

A : 많이 다쳤나 봐, 피가 나네.
B : 이 정도는 **아무것도 아니야**.

 A : ひどい怪我をしたみたい、血が出てるね。
 B : このくらい、何でもないよ。

★"**많이**" は「たくさん」の意味のほかに「非常に」と程度を表すときにも使う。
★【語幹＋**나 보다**】で、推量を表す。「～らしい」「～のようだ」。ここでは、"**다치다**（怪我する）の過去形 "**다쳤다**" を使って "**다쳤나 보다**（怪我したようだ）"。

24　CHAPTER 1

66 난 아무것도 몰라.
ナン アムゴット モルラ

▶何も知らないよ。

A : 저 사람한테 무슨 말 들었어?
B : 아무것도 못 들었고 **난 아무것도 몰라**.

　　A : あの人から何を聞いたの？
　　B : 何も聞いてないし、何にも知らないよ。

★ "**아무것도**（何も）"の後は常に否定。例）"**아무것도 없다**（何もない）"。

67 그럼 나중에 보자.
クロム ナジュンエ ポジャ

▶じゃあ、あとで。

A : 늦을 것 같으면 전화할게.
B : **그럼 나중에 보자**.

　　A : 遅れるようなら電話するね。
　　B : じゃ、あとで。

★【連体形＋**것 같다**】で、推量や不確実な断定を表す。「～ようだ」の意味。ここでは "**늦다**（遅れる）" を使って "**늦을 것 같다**（遅れるようだ）"。

★ "**이따 보자**" も「あとで（会おう）」の意味。「また今度（会おう）」は "**다음에 보자**"。

68 그렇게 할 수도 있지.
クロケ ハル スド イッチ

▶そうとも言えるね。

A : 어떻게 보면 오히려 내가 피해자야.
B : **그렇게 할 수도 있지**.

　　A : ある意味、むしろ私が被害者だよ。
　　B : そうとも言えるね。

★ "**어떻게 보면**" は直訳すると「どのように見ると」で、「別の見方をすれば」「ある意味」という意味で使われる。

69 누구한테 들었어?
ヌグハンテ トゥロッソ

▶誰に聞いたの？

A : 너 선 봤다는 소문을 들었는데, 진짜야?
B : 그거 **누구한테 들었어?**

　A : お見合いしたっていううわさを聞いたんだけど、本当？
　B : それ、誰に聞いたの？

★**선** …見合い。"**선을**（見合いを）**보다**（見る）" で「見合いをする」。
★**소문** …うわさ。漢字で「所聞」と書く。例）"**소문이 나다**（うわさが立つ）"。

70 무슨 일이 있었어?
ムスン ニリ イッソッソ

▶何かあったの？

A : 얼굴빛이 안 좋은데. **무슨 일이 있었어?**
B : 아니야, 그냥 좀 피곤해서 그래.

　A : 顔色が良くないけど、何かあったの？
　B : いや、ちょっと疲れてるだけ。

★"**얼굴**（顔）+**빛**（光、色）" で、「顔色」の意味。「顔色」の韓国語読み "**안색**" も同じように使う。
★【語幹＋**아/어서 그래**】の形で、理由や状況を説明する「〜からなんだ」という意味。例）"**걱정해서 그래.**（心配しているからだ）"。

71 좋은 일이 있었어?
チョウン ニリ イッソッソ

▶いいことあった？

A : 얼굴이 좋아 보이네. 무슨 **좋은 일이 있었어?**
B : 어떻게 알았어? 오늘 데이트 약속이 있거든.

　A : 顔色がいいね。何かいいことあった？
　B : なんでわかるの？ 今日、デートの約束があるんだ。

★【語幹＋**아/어 보이다**】で、「〜のように見える」の意味。ここでは "**좋다**（良い）" を使って "**좋아 보이다**（よく見える）" で「顔色がいい」と意訳。
★"**좋은 일**" は [조은 닐] と発音される。
★【語幹＋**거든**】で事実の根拠を表す。ここでは "**있다**（ある）" を使って "**있거든**（実はあるんだよ）"。

26　CHAPTER 1

CHAPTER 2

遊び・グルメ フレーズ

友達と遊びに出かけたり、食事に行ったり、買い物したり。
そんな場面で役立つ表現を集めました。

72 건배!
コンベ

▶乾杯！

A: 자, 건배합시다.
B: 우리 모두의 건강을 위하여, **건배**!

> A: さあ、乾杯しましょう。
> B: 皆の健康に、乾杯！

★【動詞語幹＋ㅂ/읍시다】で「〜しましょう」の意味。例）"**먹읍시다**"「食べましょう」。

★【名詞＋ㄹ/을 위하여】で、「〜のために」の意味。乾杯のときは "**위하여**" だけを言うこともある。

73 쉬! 조용!
シ チョヨン

▶しっ！ 静かに！

A: 몇번이나 불렀는데 엄마가 대답을 안 해 줘.
B: **쉬! 조용!** 우리 엄마는 드라마 볼때는 다른 소리가 귀에 안 들려.

> A: 何回呼んでも、お母さん、返事してくれない。
> B: しっ！ 静かに！ お母さんはドラマ見ている時、ほかの声は耳に入らないの。

★**쉬** …「静かに」「騒がないで」の意味で発する語。"**쉿**" とも書く。

74 과식했네.
クァシケンネ

▶食べすぎた。

A: 오늘도 **과식했네**.
B: 다이어트한다고 안 그랬어?

> A: 今日も食べすぎた。
> B: ダイエットするって言ってなかった？

★**과식하다** …食べすぎる。"**과식**" は漢字で書くと「過食」。

★【動詞語幹＋ㄴ/는다고】で「〜と」と引用を表す。"**한다고 안 그랬어?**" は "**한다고 (すると) 안 했어? (言わなかった？)**" の会話形。

75 늦었구나.
ヌジョックナ

▶遅かったなあ。

A : 죄송합니다. 매진입니다.
B : 한정판 사러 달려 왔는데 한발 **늦었구나**.

　　A : 申し訳ありません。売り切れです。
　　B : 限定版買いに駆けつけたのに、一足遅かったなあ。

★**매진** …売り切れ。漢字で書くと「売尽」。
★**한정판** …限定版。
★**한발** …一足。例）"**한발 빨리**（一足早く）"。

76 만족했어.
マンジョケッソ

▶満足だった。

A : 지난번에 간 호텔은 어땠어?
B : 가격도 서비스도 최고야. 정말 **만족했어**.

　　A : この間のホテルはどうだった？
　　B : 値段もサービスもよかった。とっても満足だった。

★**가격** …価格。
★**서비스** …サービス。
★**최고야** …直訳すると「最高だ」になるが、「いい（good）」の意味でよく使われる。

77 맛있겠다.
マシッケッタ

▶おいしそう。

A : 조금만 기다려, 금방 될거야.
B : 냄새가 정말 고소하다! **맛있겠다**.

　　A : もうちょっと待って、すぐできるから。
　　B : 香ばしい匂い！ おいしそう。

★**냄새** …におい。"**냄새가**（においが）**나다**（出る）"で「においがする」。
★**고소하다** …香ばしい。
★【語幹＋겠다】で推量を表す。「〜だろう」の意味。ここでは"**맛있다**（おいしい）"を使って"**맛있겠다**（おいしそう）"。

CHAPTER 2　29

78 기대 되네!
キデ　テネ

▶楽しみだね！

A: 이 영화 속편이 나왔대!
B: 정말이야? **기대 되네!**

　　A：この映画の続編がでたって！　　B：本当？ 楽しみだね！

★**속편** …続編。

★ 【過去形語幹＋**대**】で伝聞を表す。"**다고 해**"の縮約形。ここでは"**나오다**（出る）"の過去形"**나왔다**"を使って"**나왔대**（出たそうだ）"。

★ 【語幹＋**네**】で詠嘆を表す。「〜ね」「〜なあ」の意味。文末に"**요**"をつければ、ていねい形。

79 먹을 만해.
モグル　マネ

▶それなりにいけるよ。

A: 혼자 산다면서 김치도 담갔어요?
B: 한번 먹어볼래? **먹을 만해.**

　　A：一人暮らしだそうですが、キムチも作ったんですか？
　　B：食べてみる？ それなりにいけるよ。

★ 【動詞語幹＋**ㄴ/는다면서**】で、逆接を表す。"**ㄴ/는다고 하면서**"の縮約形。ここでは"**살다**（住む、暮らす）"を使って"**산다면서**（暮らすと言いながら）"。

★ 【語幹＋**ㄹ/을 만하다**】で「〜に適する、ほどよい」の意味。ここでは"**먹다**（食べる）"を使って"**먹을 만하다**（食べるに適する）"。

80 이차 가자.
イチャ　カジャ

▶二次会行こう。

A: 자, 우리 **이차 가자.**
B: 괜찮은 가게 아는 데 있어?

　　A：さあ、二次会行こう。
　　B：いい店、知ってる？

★**이차** …二次会。漢字で書くと「二次」。三次会は"**삼차**"。

★"**괜찮다**"は「大丈夫だ」の意味でよく使われるが「なかなかいい」の意味もある。

81 한턱 낼게.
ハントク ネルケ

▶おごるよ。

A : 시험에 붙었다면서? 축하해.
B : 그래 고마워. 오늘 내가 **한턱 낼게**.

A : 試験に合格したって？ おめでとう。
B : そうなんだ、ありがとう。今日はおごるよ。

★ "**시험에**（試験に）**붙다**（つく）" で「試験に合格する」。

★ **축하하다** …おめでとう。"**축하**" は漢字で書くと「祝賀」。パッチムの "ㄱ" と "ㅎ" で激音化が生じるので [**추카**] と発音。

★ 結婚や合格などの祝い事があると、韓国では祝い事の主役が仲間にご馳走する習慣がある。

82 내기할까?
ネギハルッカ

▶賭けようか？

A : 한국이 이길지 질지 **내기할까**?
B : 난 이기는데 걸겠어.

A : 韓国が勝つか負けるか賭けようか？
B : 勝つ方に賭けよう。

★【語幹＋ㄹ/을지】で、関節疑問を表す。「〜するかどうか」の意味。ここでは "**이기다**（勝つ）" と "**지다**（負ける）" を使って "**이길지 질지**（勝つか負けるか）"。

★ **내기** …賭け、賭博。

83 어떠세요?
オットセヨ
▶いかがですか?

A: 색이 좀 화려한데…, 한번 입어볼게요.
B: **어떠세요?** 디자인이 깔끔하고 심플하죠?

　　A: ちょっと派手な色だけど…、試着してみますね。
　　B: いかがですか? すっきりしていてシンプルなデザインでしょう?

★화려하다 …派手だ。"화려"は漢字で書くと「華麗」。
★"입어보다 (着てみる)"で「試着する」の意味。
★【語幹+죠?】で、相手の同意を求める言い方。"죠?"は"지요?"の縮約形。

84 하고 말고.
ハゴ マルゴ
▶もちろんするよ。

A: 고백할 거야?
B: 고백**하고 말고**. 근데, 어떻게 말할지 생각 중이야.

　　A: 告白するの?
　　B: もちろん告白するさ。で、なんて言おうか考えているんだよ。

★【語幹+고 말고】で相手の質問に対する肯定の意味を強める。「もちろん~とも」の意味。ここでは"고백하다 (告白する)"を使って、"고백하고 말고 (もちろん告白するとも)"。
★"근데"は"그런데"の縮約形。「さて」「それで」の意味。

85 한잔 할래?
ハンジャン ハルレ
▶一杯どう?

A: 여기는 막걸리가 유명한데, **한잔 할래?**
B: 그래, 한잔 하자.

　　A: ここはマッコリがおいしいことで有名だけど、一杯どう?
　　B: そうだね、一杯やろう。

★유명하다 …有名だ。"유명"は漢字で書くと「有名」。
★【語幹+ㄹ/을래】で、相手の意思を問う。「~する?」の意味。文末に"요"をつければていねい形になる。

86 몸 보신하자.
モム ポシナジャ

▶元気つけよう。

A: 오늘 복날인데 삼계탕이나 먹으러 갈까?

B: 좋지. 몸 보신하자.

　　A：今日はポンナルだから、サムゲタンでも食べに行こうか？
　　B：いいね。元気つけよう。

★**복날** …〔봉날〕と発音。日本での土用の丑の日のように、食事で暑気払いをする日のことで、"**초복**（初伏）"、"**중복**（中伏）"、"**말복**（末伏）"と呼ばれる3日。補身湯（ポシンタン、犬のスープ）や参鶏湯（サムゲタン）などの保養食を食べる。

★**보신** …補身。栄養価の高い食品を食べるなど、体を強健にすること。

87 수다나 떨자.
スダナ トルジャ

▶おしゃべりしようよ。

A: 이게 얼마만이야!

B: 정말 반갑다. 오랜만에 **수다나 떨자**!

　　A：すごく久しぶり！
　　B：本当にうれしいね。久しぶりにおしゃべりしよう！

★"**얼마만이야**"は直訳すると「どれくらいぶりだ」。「何年ぶり、久しぶり」の意味でよく使う。

★"**오랜만에**"は"**오래간만에**"の縮約形。

88 푹 빠졌나 봐.
プク パジョンナ パ

▶かなりはまってるみたいだね。

A: 한국 드라마에 **푹 빠졌나 봐**.

B: 여기 나온 대사도 다 외웠어.

　　A：韓国ドラマにかなりはまってるみたいだね。
　　B：ここに出てくるセリフ、全部覚えたよ。

★**푹** …どっぷり。深く入っていく様子を表す副詞。例）"**푹 잤어요.**（ぐっすり眠った）"。

★【語幹+나 보다】で「～みたいだ」「～らしい」の意味。ここでは"**빠지다**（溺れる、ふける）"の過去形"**빠졌다**"を使って"**빠졌나 보다**（はまっているみたいだ）"。

★**대사** …セリフ。漢字で書くと「台詞」。

CHAPTER 2

89 한바퀴 돌자.
ハンパクィ　トルジャ

▶一回りしよう。

A：쇼핑하러 갈까?
B：좋아. 오늘은 명동을 **한바퀴 돌자**

A：買い物に行く？
B：いいね。今日はミョンドンを一回りしよう。

★**쇼핑** …ショッピング。
★【動詞語幹＋(으) 러】で動作の目的を表す。「〜しに」「〜するために」の意味。
★**명동** …ソウルの繁華街。漢字で書くと「明洞」。
★【動詞語幹＋자】で勧誘を表す。「〜しよう」の意味。

90 마음에 들어?
マウメ　トゥロ

▶気に入った？

A：이거 진짜 갖고 싶었던 거야. 고마워.
B：**마음에 들어?**

A：これ、すごく欲しかったの。ありがとう。
B：気に入った？

★**갖다** …持つ。"**가지다**"の縮約形。"〜를/을 갖고 싶다"で「〜が欲しい」。
★"**마음에**（心に）**들다**（入る）で「気に入る」の意味。

91 이게 유행이래.
イゲ　ユヘンイレ

▶これが流行なんだって。

A：칠칠치 못하게 옷차림이 그게 뭐냐?
B：요즘 **이게 유행이래.**

A：だらしない格好、いったいそれ何なの？
B：最近これが流行なんだって。

★【名詞＋(이) 래】で伝聞を表す。「〜だって」の意味。"(이) 라고 해"の縮約形。ここでは"**유행**（流行）"を使って"**유행이래**（流行だって）"。
★"**칠칠하다**"は「こぎれいでさっぱりしている」という意味で、その否定形が"**칠칠치 못하다**"「だらしない」。

92 나도 좀 끼워줘.
ナド　チョム　キウォジョ

▶仲間に入れて。

A：니네들 밥 먹으러 갈거면, **나도 좀 끼워줘**.
B：그래, 같이 가자.

> A：みんなで食事に行くなら、仲間に入れてよ。
> B：いいよ、一緒に行こう。

★니네들 …君たち。
★끼우다 …挟む "끼워줘" は「(仲間に) 挟み込んでくれ」の意味。

93 막차를 놓쳤어.
マクチャルル　ノチョッソ

▶終電逃しちゃった。

A：**막차를 놓쳤어**. 어떡하지?
B：지금 내가 차로 데리러 갈게. 어디니?

> A：終電逃しちゃった。どうしよう？
> B：今から私が車で迎えに行くよ。どこ？

★막차 …終電。「始発」は "첫차"。
★【動詞語幹＋ㄹ/을게】で話し手の意志を表す。「〜するからね」の意味。

94 빨리 집에 가자.
パルリ　チベ　カジャ

▶早く帰ろうよ。

A：빨리 집에 가자!
B：쉿! 조용히 해! 여기는 도서관이잖아.

> A：早く帰ろうよ！
> B：しぃ！ 静かに！ ここは図書館よ。

★"집에 (家に) 가다 (行く)" で「帰る」の意味。
★쉿 … "쉬" を強調して言うと "쉿" となる。指を口にあてて "쉿!" と言うと「(静かに) しぃ！」の意味。

CHAPTER 2　35

95 생전 처음이야.
センジョン　チョウミヤ

▶生まれて初めてなんだ。

A: 너 소리 많이 지르더라. 귀가 찢어지는 줄 알았어.
B: 롤러코스터를 탄 게 **생전 처음이야**.

　　A: すごい大声だったね。耳がちぎれるかと思った。
　　B: ジェットコースター乗るのは生まれて初めてなんだ。

★"**소리를** (声を) **지르다** (叫ぶ)"で「大声を出す」の意味。
★**롤러코스터** …ジェットコースター。英語の"roller coaster"から。"jet coaster"は和製英語。
★**생전 처음** …生まれて初めて。"**생전**"は漢字で書くと「生前」。

96 원래 멋있잖아.
ウォルレ　モシッチャナ

▶もとがいいから。

A: 모자부터 구두까지 완벽한데! 멋있다!
B: 내가 **원래 멋있잖아**.

　　A: 帽子から靴まで完璧。素敵！
　　B: 俺ってもとがいいから。

★**완벽하다** …完璧だ。"**완벽**"は漢字で書くと「完璧」。
★**원래** …そもそも、もともと。漢字で書くと「元来」。[월래]と発音する。

97 늦어서 미안해.
ヌジョソ　ミアネ

▶遅れてごめん。

A: **늦어서 미안해**. 지하철을 잘못 탔어.
B: 기다리다 지쳤어.

　　A: 遅れてごめん。地下鉄を乗り間違えたんだ。
　　B: 待ちくたびれたよ。

★"**잘못**"は「間違って〜」「うっかり〜」と副詞的に使われる。例)"**잘못 생각했다**. (考え違いをした)"。
★【語幹＋**다가**】で「〜しかけて」「〜する途中で」の意味。"**다가**"の"**가**"は省略されることが多い。"**기다리다 지쳤어.**"は直訳すると「待っている途中で疲れた」。
★**지치다** …疲れる。

98 의외로 싸더라고.
ウィウェロ サドラゴ

▶意外と安かったよ。

A : 어제 횟집에 갔는데 **의외로 싸더라고**.
B : 그래, 둘이서 5 만원은 넘을 줄 알았는데 4 만원밖에 안 나왔지.

　　A : 昨日、刺身を食べにいったんだけど、意外に安かった。
　　B : そう、2人で5万ウォン超えるかと思ったけど、4万ウォンしかしなかったね。

★ **횟집** …刺身料理屋。「刺身」は "**회**" というが、「～屋」を意味する "**집**" がつくとパッチム ㅅ が入って "**횟집**" となる。

★【語幹＋더라고】で過去の回想・詠嘆を表す。「～だったよ」の意味。ここでは "**싸다**（安い）" を使って "**싸더라고**（安かったよ）"。

99 입맛에 딱 맞네.
イムマセ タン マンネ

▶ちょうど好みの味だよ。

A : 내 **입맛에 딱 맞네**.
B : 당연하지. 니 입맛에 맞춰서 만들었거든.

　　A : ちょうど僕の好みの味だよ。
　　B : 当たり前でしょ。あなたの好みに合わせて作ったんだから。

★ "**나의**（私の）" の縮約形 "**내**" と "**너의**（あなたの）" の縮約形 "**네**" は発音がほぼ同じなので、"**네**" のかわりに "**니**" がよく使われる。

★ **입맛** …食欲、口当たり。"**입맛에**（口に）**맞추다**（合わせる）" で「好みに合わせる」。

100 필름이 끊겨서.
ピルルミ クンキョソ

▶記憶がとんじゃって。

A : 어젯밤 어땠어? 재미있었어?
B : **필름이 끊겨서**. 아무것도 기억이 안 난다.

　　A : ゆうべ、どうだった？ 楽しかった？
　　B : 記憶がとんじゃって。何も覚えてないんだ。

★ "**필름이**（フィルムが）**끊기다**（切れる）" で、酒を飲みすぎて記憶がなくなることを言う。

★ "**기억이**（記憶が）**나다**（出る）" で「思い出す」の意味。

CHAPTER 2

101 빼놓을 수 없죠.
ペノウル ス オプチョ

▶はずせないでしょう。

A: 부산에서 가볼 만한 관광지가 어디예요?
B: 해운대, 용두산 공원 그리고 자갈치 시장도 **빼놓을 수 없죠**.

　　A: 釜山で行くべき観光地はどこですか？
　　B: 海雲台、龍頭山公園、それからチャガルチ市場もはずせないでしょう。

★【語幹＋ㄹ/을 만하다】で「〜に適する」「〜にほどよい」の意味。ここでは"**가보다**（行ってみる）"を使って"**가볼 만하다**（行く価値がある）"。

★**빼놓다** …除く。省く。

102 얼굴 좀 보여줘.
オルグル チョム ポヨジョ

▶顔出してね。

A: 다음 주 동창회인데 **얼굴 좀 보여줘**.
B: 그래, 나도 오랜만에 동창들을 만나고 싶으니까 꼭 갈 생각이야.

　　A: 来週の同窓会、顔出してね。
　　B: ああ、僕も久しぶりに皆に会いたいから、行くつもりだよ。

★**동창회** …同窓会。"**동창들**"は「同窓生たち」。
★"**얼굴을 (顔を) 보여 주다 (見せてくれる)**"で「顔を出す」の意味。
★"**갈 (行く) 생각 (考え)**"で「行くつもり」の意味。

103 침이 고이네요.
チミ コイネヨ

▶よだれが出ますね。

A: 할머니가 귤을 보내주셨어요. 새콤달콤해요.
B: 생각만 해도 입안에 **침이 고이네요**.

　　A: 祖母がみかんを送ってくれました。甘酸っぱいですよ。
　　B: 考えただけでよだれが出ますね。

★**새콤달콤하다** …甘酸っぱい。"**새콤하다**（すっぱい）"と"**달콤하다**（甘い）"が一緒になった形容詞。
★**고이다** …(液体が) たまる。"**괴다**"と同じ。

104 진수성찬이지?
チンスソンチャニジ
▶豪華でしょう？

A: 와! 상다리 부러지겠다!
B: 이 정도면 **진수성찬이지**?

    A: わぁ！ テーブルの脚が折れそうだ！
    B: これくらいあれば、豪華でしょう？

★韓国のもてなし料理は、その品数の多さから"**상다리 부러지도록**（テーブルの脚が折れるほど）"という比喩表現がある。

★**진수성찬** …たくさんのご馳走。

105 또 노래방이야?
ト　ノレバンイヤ
▶またカラオケ？

A: **또 노래방이야**? 질리지도 않고 자주도 가네.
B: 이 세상에 노래방보다 더 재미있는 게 뭐가 있냐?

    A: またカラオケ？　飽きもせずよく行くね。
    B: この世にカラオケよりおもしろいものなんてある？

★**질리다** …飽き飽きする、嫌になる。
★【動詞・存在詞語幹＋냐】で疑問をあらわす。「～のか」の意味。"**느냐**"の口語形。

106 입어봐도 돼요?
イボバド　テヨ
▶試着してもいいですか？

A: 이거 한번 **입어봐도 돼요**?
B: 그럼요. 탈의실은 저쪽에 있습니다.

    A: これを試着してもいいですか？
    B: どうぞ。試着室はあちらにあります。

★【語幹＋아/어도 되다】で、「～てもいい」と許可を表す。"**입어보다**（着てみる）"を使って、"**입어봐도 돼요?**（着てみてもいいですか）"。

★**탈의실** …試着室。漢字で書くと「脱衣室」。

107 못 먹는 거 있어?
モン　モンヌン　コ　イッソ

▶食べられないものある？

A: 혹시 못 먹는 거 있어?
B: 보신탕말고는 다 잘 먹어요.

　　A: もしかして食べられないものある？
　　B: ポシンタン以外なら大丈夫です。

★ "못"は否定を表す副詞。"못 먹다"は鼻音化が生じて [몬 먹다] と発音される。

★ "보신탕 (補身湯)"は、犬の肉を利用したスープ。"영양탕 (栄養湯)"ともいう。韓国でも食べない人は多い。

★【名詞＋말고】で、「～でなくて」「～以外で」と選択的否定を表す。

108 숙취때문이야?
スクチュィッテムニヤ

▶二日酔いのせい？

A: 머리 아파 죽겠다.
B: **숙취때문이야**? 술 좀 줄여라.

　　A: めちゃめちゃ頭が痛いよ。
　　B: 二日酔いのせい？　酒少し減らせよ。

★ 숙취 …二日酔い。漢字で書くと「宿酔」。

109 뭐 훔쳐 먹었지?
ムォ　フムチョ　モゴッチ

▶盗み食いしたでしょ？

A: 너 딸꾹질하네? **뭐 훔쳐 먹었지**?
B: 아니야, 아무것도 안 먹었어!

　　A: しゃっくりしてる？　何か盗み食いしたでしょ？
　　B: いや、何も食べてないよ！

★ 딸꾹질 …しゃっくり。こっそり美味しいものを一人で食べたり、つまみ食いするとしゃっくりが出ると言われている。

★ 훔치다 …盗む。かすめる。

110 여기서 기다릴게.
ヨギソ キダリルケ

▶ここで待ってるよ。

A: 저기 귀신의 집에 들어가보자.
B: 여기서 기다릴게. 나는 겁이 많아서.

　　A: ほら、お化け屋敷に入ってみようよ。
　　B: ここで待ってるよ。僕は怖がりだから。

★ "귀신의 (お化けの) 집 (家)" で「お化け屋敷」。"유령의 (幽霊の) 집 (家)" とも言う。
★ "겁이 (恐れが) 많다 (多い)" で「気が小さい」「怖がりだ」の意味。

111 잠깐 나갔다 올게.
チャッカン ナガッタ オルケ

▶ちょっと出かけて来る。

A: 잠깐 나갔다 올게.
B: 나가는 김에 슈퍼마켓에 들러서 우유 좀 사와.

　　A: ちょっと出かけて来る。
　　B: ついでにスーパーに寄って牛乳買って来て。

★【動詞連体形現在＋김에】で「〜するついでに」の意味。"김" は「機会」「折」の意味。
★ 들르다 …立ち寄る。르変則動詞。

112 제철 음식이라면,
チェチョル ウムシギラミョン

▶旬のものって言ったら、

A: 제철 음식이라면 뭐가 있어요?
B: 겨울에는 굴, 새조개, 대합이 맛있어요.

　　A: 季節のものって言ったら、何がありますか？
　　B: 冬は、カキ、トリガイ、ハマグリがおいしいですよ。

★ 제철 … "제" は「自身の」「本来の」、"철" は「季節」という意味から "제철" で「旬」「ふさわしい時期」の意味。
★ 음식 …食べ物。漢字で書くと「飲食」。

113 나도 갈걸 그랬네.
ナド　カルコル　クレンネ
▶私も行けばよかったな。

A : 어제 모임 참 재미 있었어.
B : 나도 갈걸 그랬네.

　　A：昨日の集まりは本当に楽しかったよ。
　　B：私も行けばよかったな。

★모임 …集まり。動詞 "모이다 (集まる)" の名詞形。
★【動詞語幹＋ㄹ/을걸 그랬다】で過去に対する後悔や未練を表す。「～すればよかったなあ」の意味。

114 배꼽 쥐고 웃었어.
ペッコプ　チュィゴ　ウッソッソ
▶お腹抱えて大笑いしたよ。

A : 어제 TV에서 코메디 프로 봤어?
B : 봤어! 너무 재미있어서 배꼽 쥐고 웃었어.

　　A：昨日のお笑い番組、見た？
　　B：見た！ ほんとおかしくて、お腹抱えて大笑いしたよ。

★배꼽 …へそ。
★쥐다 …握る。つかむ。"배꼽을 쥐다" で「お腹を抱える」の意味。

115 소문 난 맛집이래.
ソムン　ナン　マッチビレ
▶うわさのおいしい店だって。

A : 소문 난 맛집이래. 가볼래?
B : TV에서도 봤고 잡지에 나온 것도 봤어.

　　A：うわさのおいしい店だって。行ってみる？
　　B：テレビでも見たし、雑誌に出たのも見たよ。

★맛집 …"맛있기로 유명한 음식집 (おいしいことで有名な飲食店)" の縮約形。
★TV …[티비] と読む。テレビ。

116 일단 한번 먹어봐.
イルタン ハンボン モゴバ

▶とりあえず一度食べてみて。

A: 너무 징그러워! 이거 무슨 벌레야?
B: 암말 말고 **일단 한번 먹어봐**. 맛있어. 번데기야

　　A: 気持ち悪い！ 何の虫？
　　B: 何も聞かずに、とりあえず食べてみて。おいしいよ。ポンデギだよ。

★**징그럽다** …気味が悪い。ㅂ変則形容詞。
★"**암말**"は"**아무말**"の縮約形。
★**번데기** …蚕のサナギを煮付けたおやつ。

117 싸고 좋은데 아니?
サゴ チョウンデ アニ

▶安くていいところある？

A: 피부관리 받고 싶은데, **싸고 좋은데 아니**?
B: 내가 저번에 갔던 데로 가볼래?

　　A: エステに行きたいんだけど。安くていいところある？
　　B: 僕がこの前行ったところに行ってみる？

★**피부관리** …漢字で「皮膚管理」。スキンケア。エステの意味でも使われる。
★【動詞語幹＋니】で疑問を表す。「〜かい」「〜のか」の意味。ここでは"**알다**（知る）"を使って"**아니**（知っているか）"。ㄹ変則動詞の場合はパッチムㄹが落ちる。

118 덤으로 받은 거야.
トムロ パドゥン コヤ

▶おまけでもらったんだ。

A: 뭘 그렇게 많이 사 왔어?
B: 산 게 아니라 **덤으로 받은 거야**.

　　A: 何をそんなにたくさん買って来たの？
　　B: 買ったんじゃなくて、おまけでもらったんだ。

★"**뭘**"は"**무엇을**（何を）"の縮約形。
★【動詞語幹＋아/어 오다】で「〜て来る」の意味。ここでは"**사다**（買う）"を使って"**사 오다**（買って来る）。
★**덤** …おまけ。

CHAPTER 2　43

119 배탈이 난 것 같아.
ペタリ ナン コッ カタ

▶お腹こわしたみたい。

A : 배탈이 난 것 같아.
B : 너 어제 아이스크림 몇개나 먹었어?

　　A : お腹こわしたみたい。
　　B : 昨日、アイスいくつ食べた？

★배탈 …腹痛、食あたり。"배탈이 (腹痛が) 나다 (出る)"で「腹痛を起こす」。
★【連体形＋것 같다】で、推量や不確実な断定を表す。「〜らしい」「〜のようだ」の意味。

---

120 싸구려라서 그런지.
サグリョラソ クロンジ

▶安物だからかな。

A : 스팀 청소기를 샀다면서? 어때?
B : 성능이 별로 안 좋아. **싸구려라서 그런지.**

　　A : スチーム掃除機を買ったんだって？　どう？
　　B : 性能がイマイチ。安物だからかな。

★【過去形語幹＋다면서】で伝聞を確認することを表す。「〜だって」、「〜そうだね」の意味。ここでは"사다 (買う)"の過去形"샀다"を使って、"샀다면서 (買ったんだって)"。
★싸구려 …安物。もとは商人が安売りのときに「安いよ、安いよ」と掛け声をかけていたことに由来する。

---

121 할인 쿠폰이 있는데.
ハリン クポニ インヌンデ

▶割引券があるんだけど。

A : **할인 쿠폰이 있는데.** 팥빙수 먹고 갈까?
B : 이리 좀 줘봐. 어! 날짜가 지났잖아.

　　A : 割引券があるんだけど。かき氷食べてく？
　　B : ちょっとみせて。あれ！　期限切れてるじゃない。

★할인 쿠폰 …割引クーポン券。"할인"は漢字で書くと「割引」。
★"팥 (小豆) 빙수 (氷水)"で「かき氷」。
★"날짜가 (日にちが) 지나다 (過ぎる)"で「期限が切れている」の意味。

122 가리는 음식이 많아.
カリヌン ウムシギ マナ

▶好き嫌いが多い。

A : 양파는 빼고 버섯도 넣지 마.
B : 왜 그렇게 **가리는 음식이 많아**?

　　A : タマネギは抜いて。キノコも入れないで。
　　B : なんでそんなに好き嫌いが多いの？

★ "**넣지 마**" は "**넣다**（入れる）" に "**지 말다**（〜をやめる）" がついた命令形。"**말다**" は ㄹ 変則動詞なので尊敬の "**세요**" がつくと "**ㄹ**" が落ちる。

★ **가리다** …選ぶ。えり好みをする。"**음식을 가리다**" で「好き嫌いをする」。

123 궁합이나 한번 볼까?
クンハビナ ハンボン ボルッカ

▶一度相性でも見てみようか？

A : 우리 사주 카페에 가서 **궁합이나 한번 볼까**?
B : 난 궁합 같은 것 안 믿는데.

　　A : 占いカフェに行って一度相性でも見てみようか？
　　B : 相性みたいなのは信じてないけど。

★ **사주 카페** …占いカフェ。"**사주**" は「四柱」と書き、生年月日で吉凶を占う。

★ **궁합** …相性。漢字で「宮合」と書く。例）"**궁합이 맞다**（相性が良い）"。

★【名詞＋**같은**】で「〜のような」「〜みたいな」の意味。例）"**아이스크림 같은 구름**（アイスクリームのような雲）"。

124 기대만큼은 아니던데.
キデマンクムン アニドンデ

▶うわさほどじゃなかったよ。

A : 그 영화 아카데미상 탔다고 들었는데 어땠어?
B : 어제 봤는데 **기대만큼은 아니던데**.

　　A : その映画、アカデミー賞とったって聞いたけど、どうだった？
　　B : 昨日見たけど、期待したほどじゃなかったよ。

★ **아카데미상** …アカデミー賞。

★ **타다** …（賞、給与などを）もらう。

★【名詞＋**만큼**】で、一定の程度を表す。「〜ほど」「〜くらい」の意味。ここでは "**기대**（期待）" を使って "**기대만큼**（期待ほど）"。

CHAPTER 2　45

125 기다린 보람이 있었네.
キダリン ボラミ イッソンネ

▶待った甲斐があったね。

A : 이 국물 확실히 맛있다.
B : 줄 서서 **기다린 보람이 있었네**.

> A : このスープは確かにおいしい。
> B : 並んで待った甲斐があったね。

★**국물** …スープ。鼻音化が生じるので［궁물］と発音。

★**줄** …「縄、線、列」など長いものを意味する。"**줄을**（列を）**서다**（立つ）"で「（列に）並ぶ」。

★**보람** …甲斐、効果。例）"**노력한 보람이 있었다**（努力した甲斐があった）"。

126 손에 땀을 쥐게 하더라.
ソネ タムル チュイゲ ハドラ

▶ハラハラしたね。

A : 어제 시합은 정말 **손에 땀을 쥐게 하더라**.
B : 그래, 사실은 친구하고 저녁 내기했는데 내가 졌어.

> A : 昨日の試合は本当にハラハラしたね。
> B : そう、実は友達と夕飯賭けてたんだけど、負けたよ。

★"**손에**（手に）**땀을**（汗を）**쥐다**（握る）"で「ハラハラする」。

★【動詞語幹＋**게 하다**】で使役形を作る。「〜させる」の意味。ここでは"**쥐다**（握る）"を使って"**쥐게 하다**（握らせる）"。

★**내기하다** …賭ける。

127 이 메일 주소가 어떻게 돼?
イ メイル チュソ ガ オットケ テ

▶メールアドレス、教えて。

A : 이 메일 주소가 어떻게 돼?
B : hangul 골뱅이….
A : 골뱅이 뒷부분은?

> A : メールアドレス、教えて。
> B : hangul アットマーク…。
> A : アットマークの後は?

★"**이 메일 주소가 어떻게 돼?**"は直訳すると「メールアドレスがどのようになってる?」で、「教えて」の意味で使う。

★**골뱅이** …カタツムリ。＠の形から、こう呼ぶ。

128 이렇게 술꾼인 줄은 몰랐어.
イロケ スルックニン チュルン モルラッソ

▶こんなに酒飲みとは思わなかった。

A: 술 좀 더 가져 와.
B: 니가 이렇게 술꾼인 줄은 몰랐어.

A: 酒、もっと持ってこい。
B: こんなに酒飲みとは思わなかった。

★술꾼 …酒飲み。
★【連体形＋줄 모르다】で「~ことを知らない」の意味。"모르다"は르変則動詞。

129 입에 맞으실지 모르겠어요.
イベ マジュシルチ モルゲッソヨ

▶お口に合いますかどうか。

A: 저녁식사에 초대해주셔서 감사합니다.
B: 음식이 입에 맞으실지 모르겠어요.

A: 夕食にご招待いただき、ありがとうございます。
B: お口に合いますかどうか。

★초대 …招待。"초대해주셔서"は、直訳すると「招待してくださって」。
★【語幹＋ㄹ/을지】で間接疑問を表す。「~かどうか」の意味。ここでは"맞다"「合う」の尊敬語"맞으시다"を使って"맞으실지 (お合いになるかどうか)"。

130 당일치기로 갔다 올 수 있나?
タンイルチギロ カッタ オル ス インナ

▶日帰りで行って来られるかな。

A: 광주까지 당일치기로 갔다 올 수 있나?
B: 비행기 타고 가면 충분해.

A: 光州まで日帰りで行って来られるかな。
B: 飛行機に乗っていけば十分だよ。

★당일치기 …日帰り。例) "당일치기 여행 (日帰り旅行)"、"당일치기 출장 (日帰り出張)"。
★충분 …十分だ。"충분"は漢字で書くと「充分」。

131 그냥 구경만 하고 있는 거예요.
クニャン クギョンマン ハゴ インヌン コエヨ

▶見てるだけです。

CHECK✓

A : 뭘 찾으세요?
B : 그냥 구경만 하고 있는 거예요.

　A : 何をお探しですか？
　B : 見てるだけです。

★**구경** …見物。"**그냥 구경만 하고 있는 거예요**" を直訳すると「ただ、見物だけしているのです」。日本ではウィンドウショッピング (window-shopping) と言うが、韓国では "**아이** (eye) **쇼핑** (shopping)" と言う。

CHAPTER 3
自己表現 フレーズ

外国語を学ぶことの醍醐味は、
自分の思いを伝えること&その思いが通じることに尽きるでしょう。
相手に自分の意思や感情を伝えられる表現を身につけよう。

132 부럽네.
プロムネ

▶ うらやましいよ。

A: 꽃미남이 **부럽네**.
B: 얼굴보다 마음이 더 중요하지 않니?

　　A: イケメンがうらやましいよ。
　　B: 顔より心が重要じゃないの？

★【語幹＋네】で詠嘆を表す。ここでは"**부럽다**（うらやましい）"を使って"**부럽네**（うらやましいね）"。鼻音化が生じるので［부럼네］と発音する。語尾に"**요**"をつければていねい形。

★"**꽃**（花）**미남**（美男）"で「イケメン」の意味。

133 불안해.
プラネ

▶ 不安で。

A: 발표회에서 실수할까봐 **불안해**.
B: 그러니까 열심히 연습해.

　　A: 発表会で失敗するんじゃないかと不安で。
　　B: それなら一生懸命練習しなよ。

★【語幹＋ㄹ/을까 보다】で、不確実な推測を表す。「～そうだ」「～のようだ」の意味。ここでは"**실수하다**（失敗する）"を使って"**실수할까 보다**（失敗しそうだ）"。

★**불안하다** …不安だ。"**불안**"は漢字で書くと「不安」。

134 창피하다.
チャンピハダ

▶ 恥ずかしいよ。

A: 나를 먹여 살려 줄 여자 어디 없나?
B: 너 뭔 말이야? 누나로서 **창피하다**, 예.

　　A: 俺を養ってくれる女、いないかな？
　　B: 何言ってるの？ 姉として恥ずかしいよ。

★**살리다** …「生かす」「活用する」のほかに「扶養する」「食わす」の意味でも使う。

★【名詞＋(으) 로서】で身分、資格を表す。「～として」の意味。

★文末の"**예**"は、語調を整えるときに使われる。

50　CHAPTER 3

135 가엾어라.
カヨプソラ

▶かわいそうに。

A : 제비새끼가 둥지에서 떨어졌네!
B : 어머, 살아 있니? **가엾어라**!

　　A : ツバメの子が巣から落ちた！
　　B : あら、生きてるの？　かわいそうに！

★**둥지** …巣。くつろぐ場所という意味。例）"**둥지를 치다** (巣を作る)"。
★【形容詞語幹＋아/어라】で、感嘆を表す。「～だなあ」の意味。

136 싫어졌어.
シロジョッソ

▶嫌になったんだ。

A : 왜 이렇게 힘이 없어?
B : 휴가 다녀왔더니 일하기가 **싫어졌어**.

　　A : なんでそんなに元気がないの？
　　B : 休暇を過ごしたら、仕事するのが嫌になったんだ。

★"**힘이** (力が) **없다** (ない)"で、「元気がない」。
★【語幹＋더니】で理由を表す。「～だったので」「～したら」の意味。"**다녀오다** (行って来る)"の過去形"**다녀왔다**"を使って"**다녀왔더니** (行って来たら)"。

137 아까워서.
アッカウォソ

▶もったいなくて。

A : 케이크 구워 봤어, 예쁘지?
B : 못 먹겠다. 너무 **아까워서**.

　　A : ケーキ、焼いてみたよ、かわいいでしょう？
　　B : 食べられないよ。すごくもったいなくて。

★**굽다** …焼く。ㅂ変則活用。
★【語幹＋아/어서】で原因・理由を表す。ここでは"**아깝다** (もったいない)"を使って"**아까워서** (もったいなくて)"。"**아깝다**"はㅂ変則形容詞。

CHAPTER 3　51

138 안타깝네.
アンタッカムネ

▶残念だね。

A: 실력 있는 가수인데 벌써 은퇴라니.
B: 이제 그 목소리를 못 듣는다는 게 너무 **안타깝네**.

　　A:実力のある歌手なのに、引退だなんて。
　　B:あの声をもう聞けないなんて残念だ。

★**은퇴** …引退。

★【名詞+(이)라니】の形で「～だというのか、～だなんて」と納得できないことを確かめたり反問したりすることを表す。"**라고 하니**"の縮約形。

139 꿈만 같아.
クムマン　カタ

▶夢みたい。

A: 풍물대회에서 1등 한 거 축하해!
B: 고마워. 정말 **꿈만 같아**.

　　A:民族音楽大会1位、おめでとう！
　　B:ありがとう。本当に夢みたい。

★**풍물** …漢字で「風物」と書き、農村で豊作を祈る楽舞、"**농악**(農楽)"のこと。

★【名詞+같다】の形で「～のようだ」。"**같아**"は口語では [같애] と発音されることも多い。"**꿈만 같아**"の"**만**"は強調を表す。

140 내가 할게.
ネガ　ハルケ

▶僕がやるよ。

A: 먼저 빨래 좀 널테니까 잠깐만 기다려.
B: **내가 할게**. 너는 나갈 준비나 해.

　　A:先に洗濯物を干すから、ちょっと待って。
　　B:僕がやるよ。君は出かける準備して。

★**빨래** …洗濯。洗濯物。"**빨래를 널다**"で「洗濯物を干す」。

★【語幹+ㄹ/을테다】で「～するはずだ」「～するつもりだ」の意味。ここでは"**널다**(干す)"を使って"**널테다**(干すつもり)"。"**널다**"はㄹ変則動詞。

141 내버려 둬.
ネボリョ ト

▶ほっといて。

A: 무슨 일이 있었어? 어디 아프니?
B: 좀 **내버려 둬**.

　A: 何があったの？ どこか具合悪いの？
　B: ちょっとほっといて。

★**무슨 일** …何事。[**무슨 닐**]と発音する。
★**내버려 두다** …ほったらかす。捨て置く。

142 몰라도 돼.
モルラド テ

▶知らなくていいの。

A: 엄마, 무슨 일인데?
B: 애들은 **몰라도 돼**. 공부나 해!

　A: ママ、どうしたの？
　B: 子どもは知らなくていいの。勉強でもしなさい！

★【指定詞の語幹＋ㄴ데】で前置き、感嘆、反論、疑問などを表す。ここでは"**무슨 일이다**(何事だ)"を使って"**무슨 일인데**(どうしたの)"。

143 헛수고였어.
ホッスゴヨッソ

▶無駄骨だった。

A: 직장 구하러 돌아다녔지만 **헛수고였어**.
B: 그래도 포기하지 마!

　A: 仕事探して歩き回ったけど、無駄骨だった。
　B: でも、あきらめないで！

★"**직장을**(職場を) **구하다**(求める)"で「職を探す」の意味。
★**헛수고** …無駄骨。"**헛**"は「中身のない、偽りの、むなしい」などの意味を表す。"**수고**"は「苦労」の意味。

144 골치 아프네.
コルチ　アプネ
▶頭が痛いよ。

A: 프린터가 자꾸 고장이 나서 **골치 아프네**.
B: 오래 썼으니까 이번에 새로 사는 게 어때?

> A: プリンターが度々故障するので頭が痛いよ。
> B: ずいぶん使ったから、新しく買ったらどう？

★**고장** …故障。"**고장이 나다**"で「故障する」。

★**골치** …「頭、脳みそ」の俗語。"**골치 (가) 아프다**"で「頭が痛い、気が重い」の意味。例）"**골칫거리**（頭痛の種）"。

145 깜짝 놀랐어.
カムッチャク　ノルラッソ
▶びっくりした。

A: 너를 처음 봤을 때 **깜짝 놀랐어**. 죽은 애인과 너무 닮아서.

> A: あなたに始めて会った時、びっくりした。死んだ恋人とあまりにも似ていたから。

★**깜짝** …びっくりするようすを表す。驚いたときに「あぁ、びっくり！」と声を出すときには "**깜짝이야!**" という。

★**닮다** …似る。日本語では「似ている」と状態で表すが、韓国語は "**닮았다**" と動詞の過去形で表す。例）"**아버지를 닮았다**"「お父さんに似ている」。

146 너무 긴장돼.
ノム　キンジャンテ
▶すごく緊張してる。

A: 오늘 사법고신데 **너무 긴장돼**.
B: 잘할 수 있을 거야. 침착하게 해.

> A: 今日、司法試験なんだけど、すごく緊張してる。
> B: うまくいくよ。落ち着いて。

★**사법고시** …司法試験。漢字で書くと「司法高試」。

★**침착하다** …落ち着いている。"**침착**"は漢字で書くと「沈着」。パッチムの "ㄱ" と "ㅎ" が激音化を起こすので [**침차카다**] と発音する。

147 너무 좋았어.
ノム　チョアッソ

▶すごくよかった。

A : 이 만화책 재미있어? 어떤 내용이야?
B : 야구소년의 성장이야기인데, 결말이 **너무 좋았어.**

　　A：この漫画、おもしろい？ どんな内容？
　　B：野球少年の成長物語で、結末がすごくよかった。

★**내용** …内容。「あらすじ」は"**줄거리**"。

★**야구소년** …野球少年。「少女」は"**소녀**"。

★**너무** …「～過ぎる」と、度を越した状態を表すが、「非常に、とても」の意味でも使われる。

148 뭔가 수상해.
ムォンガ　スサンヘ

▶何かあやしい。

A : 우리 애가 맨날 늦게 다니고 **뭔가 수상해.**
B : 직접 물어보지 그래?

　　A：うちの子、毎日帰りが遅くて、何かあやしいの。
　　B：直接聞いたらどうだ？

★**맨날** …「毎日」の俗語。「毎日」は"**날마다**"、"**매일**"ともいう。

★**수상하다** …あやしい。"**수상**"は漢字で書くと「殊常」。

★【動詞語幹＋**지 그래**】は婉曲な勧誘を表す。「～たらどうだ」の意味。文末に"**요**"をつけるとていねい形になる。

149 보고 싶은데.
ポゴ　シプンデ

▶会いたいんだけど。

A : **보고 싶은데** 지금 나올 수 있어?
B : 지금이 몇신데, 어디야?

　　A：会いたいんだけど、今、出てこられる？
　　B：何時だと思ってるの！ どこにいるの？

★【形容詞語幹＋ㄴ/은데】で、前置き、感嘆、非難、反論、疑問などを表す。ここでは"**보고 싶다（会いたい）**"を使って、"**보고 싶은데（会いたいんだけど）**"と前置きの意味。"**싶다**"は補助形容詞。

★【指定詞語幹＋ㄴ데】も同様。"**몇신데**"は"**몇시인데**"の縮約形。ここでは「何時だと思っているの？」と非難の意味。

CHAPTER 3　55

150 죽을 뻔했어.
チュグル ポネッソ

▶死ぬとこだった。

A: 어제 장난하다가 물에 빠져서 **죽을 뻔했어**.
B: 어머나, 아무튼 무사해서 다행이야.

　　A: 昨日、ふざけていたら川に落ちて死ぬとこだった。
　　B: まあ。とにかく無事でよかった。

★【語幹＋다가】で「～しながら」「～する途中で」の意味。ここでは"**장난하다**（ふざける）"を使って"**장난하다가**（ふざけていたら）"。

★**물** …通常「水」の意味で使われるが、「湖、海、川」などの総称でも使われる。

151 관심이 없어.
クァンシミ オプソ

▶興味ない。

A: 진이랑 민아가 결혼한대!
B: 난 **관심이 없어**.

　　A: チンとミナが結婚するんだって！
　　B: 興味ないね。

★**랑** …並列を表す助詞。パッチムのある名詞につくときには"**이랑**"になる。

★【動詞語幹＋ㄴ/는대】で伝聞を表す。「～って」の意味。"**다고 해**"の縮約形。ここでは"**결혼하다**（結婚する）"を使って"**결혼한대**（結婚するって）"。

152 여전하구나.
ヨジョンハグナ

▶相変わらずだね。

A: 오랜만이다. 너 하나도 안 변했네.
B: 너야말로. 방이 지저분한 것도 **여전하구나**.

　　A: 久しぶり。君、まったく変わらないね。
　　B: 君こそ。部屋が汚いのも相変わらずだね。

★"**하나**（ひとつ）**도**（も）"で「まったく（～ない）」の意味。
★**지저분하다** …汚らしい。むさくるしい。散らかっている。
★**여전하다** …前と同じである。相変わらず。

56　CHAPTER 3

153 재수가 좋아.
チェスガ チョア

▶ついてるよ。

A : 오늘은 하는일마다 잘 된다. **재수가 좋아.**
B : 복권이라도 사는 게 어때?

    A : 今日はやることなすことうまくいく。ついてるよ。
    B : 宝くじでも買ったらどう？

★**재수** …運、幸先、縁起。漢字で書くと「財数」。例）"**재수 (가) 없다.**（ついてない）"、"**재수 (가) 나쁘다**（縁起が悪い）"。

★**복권** …宝くじ。漢字で書くと「福券」。

★【名詞＋(이) 라도】で不十分であるが容認することを表す。「～でも」の意味。パッチムのある名詞には "**이라도**" になる。

154 정신이 없어.
チョンシニ オプソ

▶余裕がない。

A : 내일 회의준비때문에 **정신이 없어.**
B : 좀 쉬면서 해.

    A : 明日の会議の準備で、余裕がないよ。
    B : 少しは休みながらやりなよ。

★【名詞＋**때문에**】の形で、「～のせいで」「～のために」の意味。例）"**너 때문이다**（お前のせいだ）"。

★"**정신이**（精神が）**없다**（ない）で「気が気でない」「無我夢中だ」などの意味。

155 외롭지 않니?
ウェロプチ　アンニ

▶さびしくない？

A: 혼자 사는 게 **외롭지 않니**?
B: 이제 익숙해졌어, 뭐.

　　A：一人暮らしはさびしくない？
　　B：もう慣れたよ。

★"**혼자** (一人で) **사는** (生きる) **것** (こと)"で、「一人暮らし」の意味。"**독신생활** (独身生活)"ともいう。

★**뭐** …文頭や文末について「～なんだって」「～だよ」の意味で使われる感嘆詞。

156 후회가 되네.
フヘガ　テネ

▶後悔してるんだ。

A: 학생 시절에 유학을 안 간 게 **후회가 되네**.
B: 이제 와서 후회해도 소용이 없지.

　　A：学生の頃に留学しなかったこと、後悔しているんだ。
　　B：今さら後悔しても仕方ないよ。

★**시절** …季節、時、時代。漢字で書くと「時節」。

★**후회** …後悔。

★"**소용이** (使い道が) **없다** (ない)"で「仕方がない、無駄だ」の意味。

157 칼같이 잘 지켜.
カルカチ　チャル　チキョ

▶きっちり守るよ。

A: 난 이래 봬도 난 시간 약속은 **칼같이 잘 지켜**.
B: 정말이야?

　　A：こう見えて、約束の時間はきっちり守るよ。
　　B：本当？

★"**칼** (刃物) **같이** (ように)"で「必ず」「正確に」。

158 나랑 상관없어.
ナラン　サングァン　オプソ

▶私には関係ない。

A: 담배값이 올라서 난 끊었어.
B: 오르거나 말거나 **나랑 상관없어**. 담배 안 피우니까.

A: タバコが値上がりしたので、タバコ止めたよ。
B: 値上がりしてもしなくても、私には関係ない。タバコは吸わないから。

★오르다 …上がる。르変則動詞。
★【語幹＋거나 말거나】で、「～してもしなくても（どちらでも良い）」の意味。例）"먹거나 말거나（食べても食べなくても）"。

159 가슴이 찡해서.
カスミ　チンヘソ

▶胸が熱くなって。

A: 왜 눈이 빨개졌어?
B: 엄마 편지를 보고 **가슴이 찡해서**. 좀 울었어.

A: なんで目が赤いの？
B: お母さんの手紙を読んだら胸が熱くなって。少し泣いたの。

★【形容詞語幹＋아/어 지다】で状態の変化を表す。「～くなる」の意味。ここでは"빨갛다（赤い）"を使って"빨개지다（赤くなる）"。"빨갛다"はㅎ変則形容詞。
★찡하다 …感動して胸がじいんとする。胸が熱くなる。

160 겉보기와 달리,
コッポギワ　タルリ

▶見た目と違って、

A: 니 남자친구가 좀 무섭게 생겼잖아?
B: 근데 **겉보기와 달리** 되게 착해.

A: 君のボーイフレンドってちょっと恐そうじゃない？
B: でも見た目と違って、とてもまじめなの。

★생기다 …「生じる」「できる」のほかに「～のように見える」の意味もある。ここでは、"무섭게（恐ろしく）생겼잖아（見えるじゃない）?"で、「恐そうじゃない？」。

161 궁금해 죽겠어.
クングメ チュクケッソ

▶気になって仕方ないよ。

A : 아가사 크리스티 읽고 있어? 재미있어?
B : 그래. 결말이 궁금해 죽겠어.

　　A：アガサ・クリスティ読んでるの？ おもしろい？
　　B：うん。結末が気になって仕方ないよ。

★**아가사 크리스티** …アガサ・クリスティ。「推理小説」は "**추리소설**"。
★**궁금하다** …気がかりだ、心配だ。

162 나한테 묻지 마.
ナハンテ ムッチマ

▶私に聞かないで。

A : 이 길이 맞나?
B : **나한테 묻지 마**. 난 방향감각이 없으니까.

　　A：この道で合ってるかな？
　　B：私に聞かないで。方向感覚ないんだから。

★【語幹＋지 말다】で「～するのをやめる」の意味。ここでは "**묻다**（尋ねる）" を使って "**묻지 마**（聞くな）"。
★**방향감각** …方向感覚。例）"**방향감각을 잃다**（方向感覚を失う）"。

163 무슨 이야긴데?
ムスン イヤギンデ

▶何の話なの？

A : 저기, 그러니까…, 그게 아니라….
B : **무슨 이야긴데**? 그렇게 뜸을 들여서.

　　A：あの、だから…、そうじゃなくて…。
　　B：何の話なの？ そんなにもったいぶって。

★ "**뜸을（蒸らしを）들이다（入れる）**" は、本来「ご飯を蒸らす」という意味だが、「少し間を置いて時期を待つ」「もったいぶる」という意味で使われる。

164 생각도 못했어.
センガクド モテッソ

▶思いもよらなかった。

A : 너 처음에는 불고기 안 먹는다고 그랬잖아.
B : 맞아. 근데 이렇게 맛있는 거라고는 **생각도 못했어**.

    A : 君は最初、プルコギは食べないって言っていたじゃない。
    B : そう。でもこんなにおいしいとは思いもよらなかった。

★ **맞다** …合う。正しい。「そう、そう」などの相づちに "**맞아**" を使う。[**맞어**] と発音することもある。

★ "**생각도** (考えも) **못했어** (できなかった)" で「考えることもできなかった」。"**상상도 못했어** (想像もしなかった)" ともいう。

165 속상해 죽겠네.
ソクサンヘ チュッケンネ

▶悔しくてたまらない。

A : 나 다쳐서 시합에 못 나가. **속상해 죽겠네**.
B : 그래, 그 마음은 잘 알아. 그래도 지금은 치료에 집중해.

    A : 怪我で試合に出られないんだ。悔しくてたまらない。
    B : その気持ちはよくわかるよ。だけど今は治療に専念して。

★ "**속이** (心が) **상하다** (痛む)" で、「気に病む」「気に障る」の意味。助詞 "**이**" を省略した形 "**속상하다**" の形で使われる。

166 재수가 없구나.
チェスガ オプクナ

▶ついてないね。

A : 지갑도 잃어버리고 핸드폰도 고장나고….
B : 너 오늘 진짜 **재수가 없구나**.

    A : 財布は失くすし、携帯は壊れるし…。
    B : 本当に今日はついてないね。

★【動詞語幹＋아/어 버리다】で動作の完了を表す。「～してしまう」の意味。ここでは "**잃다** (紛失する)" を使って "**잃어버리다** (失くしてしまう)"。

★ **진짜** …本当に。ほかに "**정말로**"、"**참**" なども「本当に」の意味で使う。

167 힘들어 죽겠어.
ヒムドゥロ　チュクケッソ
▶大変で死にそう。

A: 아가야, 이제 그만 울어라. 엄마가 **힘들어 죽겠어**.
B: 배 고픈 거 아냐? 기저귀는?

　　A: 坊や、もう泣き止んで。ママは大変で死にそう。
　　B: お腹すいているんじゃないの？　おむつは？

★ "**그만**" は「それくらいで～する」の意味。"**그만 울어라**" は命令形なので「それくらい泣け」が転じて「もう泣き止め」の意味。

★ **기저귀** …おむつ。「哺乳瓶」は "**젖병**"、「粉ミルク」は "**분유**"。

168 가슴이 아프더라.
カスミ　アプドラ
▶胸が痛かったよ。

A: 할머니한테 문병을 갔어?
B: 그래. 누워 계시는 모습만 봐도 **가슴이 아프더라**.

　　A: おばあさんのお見舞いに行った？
　　B: うん。横になっている姿を見るだけで胸が痛かったよ。

★ **문병** …お見舞い。漢字で書くと「問病」。

★ 【動詞＋아/어 있다】の形で、「～している」と状態を表す。ここでは "**눕다**（横になる）" と "**있다**" の尊敬語 "**계시다**" を使って "**누워 계시다**（横になっていらっしゃる）"。

169 노력은 인정할게.
ノリョグン　インジョンハルケ
▶努力は認めるよ。

A: 저희가 뭘 잘못했습니까?
B: **노력은 인정할게**. 문제는 팀워크야.

　　A: 私たちの何が悪かったのでしょうか？
　　B: 努力は認めるよ。問題はチームワークだ。

★ **잘못** …間違い。"**잘못하다**" で「間違う、誤りを犯す」の意味。

★ **팀워크** …チームワーク。

170 고민하고 있어요.
コミンハゴ イッソヨ

▶悩んでいます。

A: 새로 나온 전자사전을 산다면서요?
B: 아직 **고민하고 있어요**. 신제품에 대해서 말이 많아서요.

A: 新しく出た電子辞書を買うんですか？
B: まだ悩んでいます。新製品についていろいろ言われたので。

★**전자사전** …電子辞典。
★"**말이** (言葉が) **많다** (多い)"で「口うるさい」「文句が多い」「理屈っぽい」。

171 마음이 편해졌어.
マウミ ピョネジョッソ

▶気が楽になった。

A: 시험에 떨어졌다면서 얼굴이 좋아 보이네.
B: 처음엔 힘들었는데 시간이 지나니까 **마음이 편해졌어**.

A: 試験に落ちたっていうのに、顔色がいいね。
B: 最初はつらかったけど、時間がたったら、気が楽になったんだ。

★**편하다** …安らかだ。楽だ。"**편**"は漢字で書くと「便」。「便利だ、易しい」の意味もある。
★"**마음이** (心が) **편하다** (楽だ)"で「気が楽だ」。

172 버릇이 돼가지고.
ポルシ テガジゴ

▶癖になっちゃって。

A: 다리 좀 떨지마.
B: 미안. **버릇이 돼 가지고**.

A: 貧乏ゆすりやめて。
B: ごめん。癖になっちゃって。

★"**다리를** (足を) **떨다** (震わせる)"で「貧乏ゆすりをする」の意味。
★【語幹＋**아/어 가지고**】で理由をあらわす。「～して」「～でもって」の意味。ここでは"**버릇이** (癖に) **되다** (なる)"を使って"**버릇이 돼 가지고** (癖になって)"。

CHAPTER 3　63

173 죽어도 안되는데.
チュゴド　アンデヌンデ

▶どうしてもできないんだけど。

A: 파일 업데이트가 **죽어도 안되는데**.
B: 그건 소프트웨어가 따로 필요해.

　　A: ファイルのアップデートがどうしてもできないんだけど。
　　B: それは別にソフトが必要なんだよ。

★コンピュータ関係の用語は外来語がほとんど。"**파일**（ファイル）"、"**업데이트**（アップデート）"、"**소프트웨어**（ソフトウェア）"など。

★"**죽어도**（死んでも）**안되다**（だめだ）"で「どうしてもできない」。

174 발걸음이 무거워.
パルコルミ　ムゴウォ

▶足取りが重い。

A: 성적이 떨어져서 집에 가는 **발걸음이 무거워**.
B: 다음부터는 더 열심히 하겠다고 말씀드려.

　　A: 成績が下がったから、家に帰る足取りが重いよ。
　　B: この次からがんばるって言いなよ。

★**발걸음** …足取り。例）"**출근길 발걸음**（出勤の足取り）"。

★**말씀드리다** …申し上げる。"**말씀**"は"**말**"の尊敬語。韓国では家族に対しても年上であれば尊敬語・謙譲語を使う。

175 알고 싶지도 않아.
アルゴ　シプチド　アナ

▶知りたくもない。

A: 그렇게 화낸 것도 그만한 이유가 있겠지.
B: 그런 거 **알고 싶지도 않아**.

　　A: あれだけ怒ったのも、それなりの理由があるんだろう。
　　B: そんなこと、知りたくもない。

★"**화를**（怒りを）**내다**（出す）"で「怒る」。

★**그만한** …それなりの。"**나름대로**（その人なりの）"も使う。

176 좋은 생각이 났어.
チョウン　センガギ　ナッソ

▶いいこと思いついた。

A: 저 감 참 맛있겠는데 어떻게 딸 수 없을까?
B: 아! **좋은 생각이 났어.**

　　A: あの柿、すごくおいしそうだけど、取れないかな？
　　B: いいこと思いついた。

★ "생각이 (考えが) 나다 (出る)" で「思いつく」。他に「思い出す」の意味でも使われる。
　例）"갑자기 네 생각이 났어 (突然、君の事を思い出した)"。

177 억울한 건 못 참아.
オグラン　コン　モッ　チャマ

▶悔しくてたまらない。

A: 무조건 잘못했다고 빌어!
B: 난 잘못한 게 없는데 왜 사과해야 돼? 정말로 **억울한 건 못 참아.**

　　A: とにかく申し訳なかったと謝るんだ！
　　B: 私は間違ってないのに、なんで謝らないといけないの？ 本当に悔しくてたまらない。

★ 무조건 …無条件。ここでは「何が何でも」「とにかく」と意訳。
★ 억울하다 …納得しがたい。無念だ。やりきれない。"억울" は漢字で書くと「抑鬱」。

178 인정할 수 없어요.
インジョンハルス　オプソヨ

▶認められません。

A: 저 사람이 리더가 되는 걸 난 **인정할 수 없어요.**
B: 그래도 일단은 맡겨 봅시다.

　　A: あの人がリーダーになるなんて、私、認められません。
　　B: でも、ひとまず任せてみましょう。

★ 리더 …リーダー。
★【動詞語幹＋아/어보다】で「〜てみる」の意味。ここでは "맡기다 (任せる)" を使って "맡겨 보다 (任せてみる)"。文末に勧誘の "ㅂ시다" がついている。

CHAPTER 3　65

179 어깨가 무거운데요.
オッケガ　ムゴウンデヨ

▶肩の荷が重いです。

A: 승진 축하합니다.
B: 고마워요. 기쁘기도 하지만 **어깨가 무거운데요**.

　A: 昇進、おめでとうございます。
　B: ありがとう。うれしいけど、肩の荷が重いですよ。

★**축하하다** …おめでとう。"**축하**"は漢字で書くと「祝賀」。

★[語幹＋**기도 하다**]の形で「～でもある」「～することもある」の意味。ここでは"**기쁘다**（うれしい）"を使って"**기쁘기도 하다**（うれしくもある）"。

180 끽소리도 못했는데.
キクソリド　モテンヌンデ

▶何も言えなかったけどね。

A: 요즘 아이들은 자기주장이 너무 강해!
B: 옛날에는 선배들 앞에서 **끽소리도 못했는데**.

　A: 最近の子たちは自己主張が強いね！
　B: 昔は先輩の前では何も言えなかったけどね。

★"**옛**（昔の）**날**（日）"で「以前」「昔」の意味で使う。

★**끽소리** …ぐうの音。ほんの小さな反論。"**찍소리**"ともいう。

181 이제와서 후회되네.
イジェワソ　フウェテネ

▶いまさら悔やまれるね。

A: 그때 주식을 사는 게 아니었는데. **이제와서 후회되네**.
B: 그래서 내가 그랬잖아. 감언이설에 속지 말라고.

　A: あの時、株を買うんじゃなかった。いまさら悔やまれるね。
　B: だから言ったじゃない。口車に乗せられちゃだめって。

★"**이제**（今）**와서**（来て）"で「今さら」「今になって」の意味。

★**감언이설** …甘い言葉。漢字で書くと「甘言利説」。"**감언이설에**（甘い言葉に）**속다**（だまされる）"が転じて「口車に乗せられる」。

182 생각이 전혀 없는데.
センガギ チョニョ オムヌンデ

▶そんなつもりはないんだけど。

A: 부장님, 다른 회사로 옮기신다는 소문을 들었는데요.
B: 누가 그래? 나는 그럴 **생각이 전혀 없는데**.

    A: 部長、ほかの会社に移られるという噂を聞きましたが。
    B: え？ まったくそんなつもりはないんだけど。

★ "**누가 그래?**" は「誰がそういったの？」の意味だが、軽く聞き返す程度で深い意味はない。

★ "**생각이**（考えが）**없다**（ない）" で「考えていない」「そのつもりがない」の意味。

183 눈물이 저절로 나네.
ヌンムリ チョジョルロ ナネ

▶涙が出てくる。

A: 이 노래 기억 나? 20년전의 유행간데.
B: 그럼, 옛날 생각이 나서 **눈물이 저절로 나네**.

    A: この歌、覚えてる？ 20年前の流行歌なんだけど。
    B: もちろん。昔のことを思い出して涙が出てくる。

★ "**기억이**（記憶が）**나다**（出る）" で「思い出す」。

★ "**유행간데**" は "**유행가인데**" の縮約形。"**유행가**" は「流行歌」。

★ **저절로** …自然に、ひとりでに、おのずから。

184 제정신이 아니였어.
チェチョンシニ アニヨッソ

▶パニックだったんだよ。

A: 요새 전화도 안 받고 뭐 했어?
B: 졸업논문 쓰느라고 **제정신이 아니였어**.

    A: 最近、電話にも出ないで、何してたの？
    B: 卒論書くのに、パニックだったんだよ。

★【動詞語幹＋**느라고**】で、その動作が原因であることを表す。「～することによって」、「～するため」と訳す。

★ "**제정신**" の "**제**" は、"**저의**（私の）" の縮約形で「自分本来の」の意味。"**제정신**" は「本来の精神状態」。

185 제발 내 부탁 좀 들어 줘.
チェバル ネ ブタク チョム トゥロジョ

▶どうか、お願い。

A : 제발 내 부탁 좀 들어 줘. 이게 마지막이야.
B : 지난번에도 마지막이라고 했잖아.

　　A : どうかお願い。これが最後だから。
　　B : この間も最後って言ってたじゃない。

★제발 …なにとぞ。どうか。頼むから。
★【動詞語幹＋아/어 주다】で「～てくれる」「～てあげる」の意味。ここでは"듣다 (聞く)"を使って"들어 주다 (聞いてくれる)"。"듣다"はㄷ変則動詞。

186 평생 잊지 않겠습니다.
ピョンセン イッチ アンケッスムニダ

▶一生忘れません。

A : 이번 한번만 용서해 줄테니 앞으로는 그러지 말거라.
B : 네, 이 은혜는 **평생 잊지 않겠습니다**.

　　A : 今回だけは許してあげるから、もうこんなことをしたらだめだよ。
　　B : はい、このご恩は一生忘れません。

★말다 …"지 말다"の形で「～のをやめる」の意味。
★【語幹＋거라】で命令を表す。"가다 (行く)" "자다 (寝る)" "있다 (ある)"など使える動詞は限定される。ここでは"말다"を使って"말거라 (するなよ)"。

187 한 번만 용서해 주세요.
ハン ボンマン ヨンソヘ ジュセヨ

▶今度だけは許してください。

A : 다시는 그런 짓 안 할게요. **한 번만 용서해 주세요**.
B : 무슨 낯짝으로 여길 찾아왔어? 당장 꺼져!

　　A : 二度とこんなことしませんから、今度だけは許してください。
　　B : どの面下げてやって来たんだ？ とっとと失せろ！

★낯짝 …俗語で、面、顔。"낯"が「顔」の意味。
★꺼지다 …(電気、火、泡などが) 消える。俗語で「(目の前から) 消えうせる」の意味。

188 운이 나빠서 그런거니?
ウニ　ナッパソ　クロンゴニ

▶運が悪いのかな？

A : 오디션에 또 떨어졌어.
B : 운이 나빠서 그런거니?

　　A : オーディションにまた落ちたよ。
　　B : 運が悪いのかな？

★【語幹＋아/어서 그렇다】で、ほかの語の代用として"그렇다"が使われる。ここでは"운이 나빠서 (運が悪いから) 그런거니? (そうなのかな?)"。"그런거니?"は"그런 것이니?"の縮約形。

189 말에 가시가 박혀 있네요.
マレ　カシガ　パキョ　インネヨ

▶言葉にトゲがありますね。

A : 넌 그것도 모르냐? 물어보기 전에 먼저 자료 좀 찾아보고 질문을 해라.
B : 예, 알았어요. 근데 말에 가시가 박혀 있네요.

　　A : 君はそんなことも知らないの？　聞く前に資料調べてから質問しなよ。
　　B : はい、わかりました。でも、言葉にトゲがありますね。

★【動詞語幹＋기 전】で、「〜する前」の意味。ここでは"물어보다 (訊ねる)"を使って"물어보기 전 (訊ねる前)"。

190 가슴이 찢어질 것 같았어.
カスミ チジョジル コッ カタッソ
▶胸がはりさけそうだった。

A: 그거 최루성 영화라고 들었는데, 어땠어?
B: 정말 **가슴이 찢어질 것 같았어.**

A：それ、泣ける映画って聞いたけど、どうだった？
B：本当に、胸がはりさけそうだった。

★**최루성 영화** …漢字で「催涙性映画」。泣ける映画のこと。

CHAPTER 4

プラス表現 フレーズ

うれしい気持ちや感動を言葉に出して共有すれば、
相手ともっと仲良くなれるはず。
韓国語でほめる表現、励ます表現を覚えて使ってみよう。

191 좋지.
チョチ
▶ いいね。

A: 여기서 짜장면 먹는 게 어때?
B: 좋지.

　A: ここでジャジャン麺食べるってどう？
　B: いいね。

★ 짜장면 …ジャジャン麺。中華料理が起源の料理だが、味も色も変わり韓国オリジナルのように親しまれている。辛くない韓国料理の一つ。

192 힘 내.
ヒム ネ
▶ がんばれ。

A: 공부를 해도 성적이 안 올라요.
B: 좀더 있으면 성과가 나타날 거야. **힘 내**!

　A: 勉強しても成績が上がりません。
　B: もう少ししたら成果が現れるよ。がんばれ！

★ "올라요" は "오르다 (上がる)" の丁寧形。"오르다" は르変則動詞。
★ "힘을 (力を) 내다 (出す)" で「元気を出す、がんばる」の意味。"힘이 (力が) 나다 (出る)" だと「元気が出る」の意味。

193 예뻐라!
イェッポラ
▶ かわいい！

A: 아가야! 도리 도리 까꿍!
B: 아이고, **예뻐라**! 우리 아기가 잘 웃네!

　A: ほら！ いないいないばあ！
　B: いやぁ、かわいい！ うちの子はよく笑うね！

★ "도리 도리" は赤ちゃんが頭を振って「いやいや」をする仕草を表す言葉で、"까꿍" は赤ちゃんをあやすときの言葉。
★ "아이고" は喜んだり驚いたりしたときの感嘆詞。"아이구" と発音したり書いたりもする。

194 좋겠다.
チョケッタ

▶いいな。

A: 나 새로 나온 노트북 샀어.
B: **좋겠다**. 나도 한 대 갖고 싶어.

> A: 新しく出たノートパソコン買ったよ。
> B: いいな。私も1台ほしい。

★【語幹＋겠다】で話し手の意志を表す。ここでは "**좋다**(良い)" を使って "**좋겠다**(いいな)"。

195 최고야.
チェゴヤ

▶最高！

A: 역시 우리 엄마 김치가 **최고야**.
B: 많이 담궈 놓았으니까 가지고 가.

> A: やっぱりお母さんのキムチが最高。
> B: たくさん作っておいたから持っていきなさい。

★動詞「漬ける」は本来 "**담그다(담가 놓다**/漬けておく)" が正しいが、一般的に "**담구다(담궈 놓다**/漬けておく)" が広く使われている。

★【動詞＋아/어 놓다】で準備的動作を表す。「〜しておく」の意味。"**놓다**" は語幹のパッチムに "ㅎ" がついているが、規則的に活用する。会話では "**놓았으니까**" が縮約されて "**놨으니까**" と発音される。

196 굉장하지.
ケンジャンハジ

▶ものすごい。

A: 그 친구가 영어하는 거 봤니? 굉장히 잘해.
B: 맞아 맞아. 영어 실력이 **굉장하지**.

> A: あの子が英語話すの聞いた？ すごく上手だよ。
> B: そうそう。あの子は英語の実力がものすごいんだよ。

★**굉장하다** …ものすごい、すばらしい。"**굉장**" は漢字で書くと「宏壮」。
★言葉が上手な様子は、"**유창하게**(流暢に) **말하다**(話す)" もよく使う。

CHAPTER 4　73

197 끝내준다.
クンネジュンダ
▶最高だよ。

A: 이번 신곡은 보컬이 별로야.
B: 그래도 연주는 여전히 **끝내준다**.

　　A: 今度の新曲、ボーカルがいまいちだね。
　　B: でも演奏は相変わらず最高だよ。

★**여전히** …相変わらず。

★**끝내준다** …「最高だ」という意味の俗語。元の意味は「終わらせてくれる」。ほかに「最高にいい」という意味で使われる俗語に"**죽인다**（殺す）"、"**장난아니네**（悪戯じゃないね）"などがある。

198 다시 봤어.
タシ ボァッソ
▶見直した。

A: 이 노래가사 내가 다 번역해 놓았어.
B: 너 영어 실력이 대단하구나! **다시 봤어**.

　　A: 歌詞、全部翻訳しておいたよ。
　　B: 英語力、すごいね。見直したよ。

★"**다시**（再び）**보다**（見る）"で「見直す」の意味。

199 똑똑하네.
トクトッカネ
▶賢いね。

A: 뽀삐야, 신문 좀 가져와. 잘 했다.
B: 와! 이집 강아지가 우리 아들보다 **똑똑하네**.

　　A: ポピ、新聞もってきて。いい子だ。
　　B: わぁ、この子犬はうちの子より賢いね。

★"**뽀삐**"は最もポピュラーな犬の名前。

★"**잘**（よく）**했다**（やった）"を「いい子だ」に意訳。

★**똑똑하다** …はっきりしている、聡明だ。"**발음이 똑똑하다**.（発音がはっきりしている）"などのようにも使う。

200 잊어버려.
イジョボリョ

▶忘れなよ。

A: 실연당하고나서 밥 먹을 힘도 안 나.
B: **잊어버려.** 시간이 다 해결해 줄거야.

A: 失恋してからご飯食べる元気もでない。
B: 忘れなよ。時間が解決してくれるよ。

★ "실연을 (失恋を) 당하다 (被る、遭う)" で「失恋する」の意味。

★ 【動詞語幹＋아/어 버리다】で「~してしまう」の意味。ここでは "잊다 (忘れる)" を使って "잊어버리다 (忘れてしまう)"。

201 웃어 넘겨.
ウソ ノムギョ

▶笑ってすまそうよ。

A: 생선가게 아저씨가 나보고 아줌마라고 하잖아! 속상해!
B: 그냥, **웃어 넘겨.**

A: 魚屋のおじさんが私におばさんって言うんだけど。頭にきちゃう。
B: まあまあ、笑ってすまそうよ。

★ "웃어 (笑って) 넘기자 (やり過ごそう)" で、「笑ってすませる」「笑い飛ばす」などの意味。

202 잘 될거야.
チャル テル コヤ

▶うまくいくよ。

A: 이번이 마지막 기회인데, 또 지면 어떡하지?
B: 괜찮아, 이번엔 **잘 될거야.**

A: これが最後のチャンスだけど、また負けたらどうしよう。
B: 大丈夫、今度はうまくいくよ。

★ 기회 …機会。

★ "어떡하다" は "어떠하게 하다 (どういうふうにする)" の縮約形。

CHAPTER 4

203 바람 좀 쐬자.
バラム チョム セジャ

▶気晴らししよう。

A : 하루종일 책상 앞에 앉아있으니까 너무 답답해.
B : 그럼, 밖에 나가서 **바람 좀 쐬자**.

　　A : 一日中机に向かっているからイライラするよ。
　　B : じゃあ、外に出て気晴らししよう。

★**하루종일** …一日中。"**종일**"は漢字で書くと「終日」。
★**답답하다** …憂うつだ。もどかしい。息が詰まる。
★"**바람을**（風を）**쐬다**（浴びる）で「気晴らしする」の意味。

204 신경 쓰지 마.
シンギョン スジ マ

▶気にするなよ。

A : 앞 머리를 너무 짧게 잘라서 신경 쓰여.
B : 괜찮아. 예쁜데 뭐, 너무 **신경 쓰지 마**.

　　A : 前髪を短く切りすぎて気になる。
　　B : 大丈夫。かわいいし。あんまり気にするなよ。

★"**신경**（神経）**쓰이다**（使われる）"で「気になる」の意味。"**신경을**（神経を）**쓰다**（使う）"で「気にする」の意味。

205 정말 근사해.
チョンマル クンサヘ

▶すごく素敵。

A : 이거 미국 여행 기념으로 사온 선물이야.
B : 고마워. 와! **정말 근사해**!

　　A : これ、アメリカ旅行の記念に買ってきたプレゼント。
　　B : ありがとう。わあ！ とても素敵！

★**근사하다** …俗語で「素敵だ」「しゃれている」の意味。"**근사**"は漢字で書くと「近似」。もとは「似通っている」「ほとんど同じだ」という意味。

206 정말 놀랐어.
チョンマル　ノルラッソ

▶本当に驚くよ。

A: 이 동네에서 저를 모르는 사람은 없을 거예요.
B: 너 꽤 유명하구나! **정말 놀랐어.**

　　A: この街に私を知らない人はいないでしょうね。
　　B: すごく有名なんだね！　本当に驚くよ。

★동네 …町、村、界隈。
★꽤 …かなり。ずいぶん。

207 한번 해보자.
ハンボン　ヘボジャ

▶一度やってみよう。

A: 아직 대사를 다 못 외웠는데.
B: 괜찮아, **한번 해보자.**

　　A: まだセリフ、全部覚えてないんだけど。
　　B: いいよ、一度やってみよう。

★대사 …セリフ。漢字で書くと「台詞」。"대사를 외우다" で「台詞を覚える」。

208 너밖에 없어.
ノバッケ　オプソ

▶君しかいないよ。

A: 이 일을 할 수 있는 사람은 **너밖에 없어.**
B: 알았어. 한번 해보지, 뭐.

　　A: この仕事ができるのは、君しかいないよ。
　　B: わかった。一度やってみるよ。

★【名詞＋밖에】で、否定の表現とともに用いて「～しか～ない」の意味。
★【語幹＋지】で話し手の意志を表す。ここでは "해보다 (やってみる)" を使って "해보지 (やってみるよ)"。文末に感嘆詞 "뭐" がついているので「仕方がないな」というニュアンスがある。

CHAPTER 4

209 열심히 해라.
ヨルシミ ヘラ

▶ がんばって。

A : 요즘 연주회 준비때문에 정말 바빠요.
B : 너는 밴드부 부장이니까 더 **열심히해라.**

　　A : ここのところ、演奏会の準備で本当に忙しいです。
　　B : 君は吹奏楽部の部長なんだからがんばって。

★【名詞+**때문에**】の形で「〜のため」「〜のせい」の意味。例)"**너 때문에**(君のせいで)"。
★**밴드부** …バンド部。「ブラスバンド部」の略称。
★"**열심히**(熱心に) **해라**(しろ)"で「がんばれ」の意味。ていねい形だと"**열심히 하세요**(がんばってください)"。

210 행운을 빌게.
ヘンウヌル ピルケ

▶ 幸運を祈るよ。

A : 오늘 연희한테 데이트를 신청할 거야.
B : **행운을 빌게.** 잘해!

　　A : 今日、ヨニにデートを申し込むんだ。
　　B : 幸運を祈るよ。がんばれ！

★**신청** …申し込み。漢字で「申請」。
★"**잘**(うまく) **해**(やれ)"で「がんばれ」の意味。

211 걱정하지 마.
コクチョンハジ マ

▶ 心配しないで。

A : 엄마! 아빠는 내가 유학가는 걸 아직도 반대하셔?
B : 내가 설득할 테니까 **걱정 하지마.**

　　A : お母さん！ お父さんは留学するのをまだ反対しているの？
　　B : 私が説得するから、心配しないで。

★韓国では家族内でも目上に対しては尊敬語を使う。"**반대하셔?**"は直訳すると「反対なさっている？」。
★**걱정** …心配。例)"**걱정하다**(心配する)"、"**걱정되다**(心配になる)"、"**걱정끼치다**(心配をかける)"。

212 내가 보증하지.
ネガ ポジュンハジ

▶僕が保証するよ。

A : 저 사람이 제작 책임자가 됐는데 괜찮을까요?
B : 능력이 있는 사람이야. **내가 보증하지**.

　　A : あの人が製作責任者になったのですが、大丈夫でしょうか？
　　B : 能力がある人だよ。僕が保証するよ。

★【語幹＋지】で、話し手の判断を表す。「〜だろう」「〜するよ」の意味。ここでは "**보증하다**(保証する)" を使って "**보증하지**(保証するよ)"。

213 눈치도 빠르네.
ヌンチド パルネ

▶するどいね。

A : 너 오늘 알바 간다는 거 거짓말이지?
B : 어떻게 알았어? **눈치도 빠르네**.

　　A : 今日、バイト行くってウソでしょ？
　　B : なんでわかったの？ するどいね。

★알바 …"**아르바이트**"(アルバイト)の縮約形。バイト。

★日本語では「なんで」を使うが、"**어떻게**(どのように) **알았어?**(わかった？)" と "**어떻게**" を使う。

★**눈치(가) 빠르다** …勘がいい。目ざとい。

214 포기하면 안 돼.
ポギハミョン アンデ

▶あきらめちゃだめだよ。

A : 학원에 1년이나 다녔는데 영어가 안 늘어. 이제 그만둘까 봐.
B : 그렇게 쉽게 **포기하면 안 돼**. 학원을 바꿔보면 어때?

　　A : 塾に1年も通っているけど、英語がうまくならないよ。もうやめようかな。
　　B : そんなに簡単にあきらめちゃだめだよ。塾を変えたらどう？

★**학원** …塾。漢字で「学院」。

★**늘다** …増える。伸びる。上達する。

★**포기하다** …あきらめる。

CHAPTER 4

215 뒤를 밀어 줄게.
トィルル　ミロ　チュルケ

▶力になるよ。

A : 미국에 유학가고 싶은데, 학비도 많이 들 것 같고….
B : 걱정하지 마. 내가 **뒤를 밀어 줄게.**

　　A : アメリカに留学したいけど、学費がかかりそうで…。
　　B : 心配しないで。私が力になるよ。

★ "**뒤를 밀어 줄게**"は直訳すると「後ろを押してあげる」。主に経済的援助を意味する。

216 몸조리 잘하세요.
モムジョリ　チャラセヨ

▶お大事に。

A : 문병 와줘서 고마워. 그냥 감기래.
B : 그래요? 다행이네요. 그래도 **몸조리 잘하세요.**

　　A : お見舞いに来てくれてありがとう。ただの風邪だって。
　　B : そうなの？ よかった。でもお大事に。

★ **문병** …見舞い。漢字で書くと「問病」。例) "**문병을 가다** (見舞いに行く)"、"**문병을 오다** (見舞いに来る)"。

★ **몸조리** …健康管理。"**조리**"は漢字で「調理」。"**몸조리** (健康管理) **잘하세요** (よくしなさい)"で「お大事に」の意味。

217 자신을 가지세요.
チャシヌル　カジセヨ

▶自信をもってください。

A : 또 실수할까봐 겁 나서 못하겠어요.
B : 그동안 많이 연습했잖아요. **자신을 가지세요.**

　　A : また失敗するんじゃないかと怖くてできません。
　　B : これまでずいぶん練習したじゃないですか。もっと自信をもってください。

★ **겁** …恐れ、おじけ。"**겁이** (恐れが) **나다** (出る)"で「怖がる」「おじけづく」。助詞を省略した"**겁 나서**"は鼻音化が生じ [검 나서] と発音。

218 무리하지 마세요.
ムリハジ マセヨ

▶**無理しないでくださいね。**

A: 안색이 안 좋으시네요.
B: 요즘 야근이 많아서 좀 힘들어요.
A: 아무리 바쁘시더라도 **무리하지 마세요**.

A：顔色が良くないですね。
B：最近、夜勤が多くて、疲れてるんだ。
A：どんなにお忙しくても、無理しないでくださいね。

★**안색** …顔色。例）"**안색을 살피다**（顔色をうかがう）"。

★【語幹＋더라도】で強い譲歩を表す。「〜としても」「〜であっても」。ここでは"**바쁘다**（忙しい）"の尊敬形"**바쁘시다**"を使って"**바쁘시더라도**（お忙しくても）"。

★**무리하다** …無理する。"**무리**"は漢字で書くと「無理」。

219 어떻게든 되겠지.
オットケドゥン テゲッチ

▶**どうにかなるよ。**

A: 출장가요? 중국말도 못하면서 혼자가요?
B: 괜찮아! 영어는 되니까 **어떻게든 되겠지**!

A：出張ですか？ 中国語もできないのに、一人で行くんですか？
B：大丈夫！ 英語はできるから、どうにかなるよ！

★**혼자** …一人。「一人で」は"**혼자서**"、「二人で」なら"**둘이서**"。

★"**어떻게든**"は"**어떻게**（どのように）**든지**（でも）"の縮約形。

★【語幹＋겠다】で推量を表す。ここでは文末に話し手の判断を表す"**지**"がついている。

220 할 거 다 했으니까.
ハル　コ　タ　ヘッスニッカ

▶やることはすべてやったんだから。

A : 이번 계약이 성사될 것 같아?
B : 할 거 다 했으니까. 잘 되겠지!

　　A : 今回の契約は成立しそう？
　　B : やることはすべてやったんだから。うまくいくよ！

★**계약** …契約。例) "**계약을 맺다**（契約を結ぶ）"。

★**성사되다** …成立する。成し遂げる。"**성사**"は漢字で書くと「成事」。

221 곧 익숙해질 테니까.
コッ　イクスケジル　テニッカ

▶すぐに慣れるよ。

A : 나한테는 새 시스템이 너무 어려운 것 같아요.
B : 괜찮아. 곧 익숙해질 테니까.

　　A : 新しいシステム、私には難しいと思います。
　　B : 大丈夫。すぐに慣れるから。

★【語幹＋ㄹ/을 테니까】で「〜はずだから」の意味。"**테니까**"は"**터이니까**"の縮約形。ここでは"**익숙해지다**（慣れる）"を使って"**익숙해질 테니까**（慣れるはずだから）"。

222 둘도 없는 친구잖아.
トゥルド　オムヌン　チングジャナ

▶かけがえのない友達じゃない。

A : 정말 미안해. 이렇게 힘든 부탁만 해서.
B : 무슨 말을 하니? 우리는 둘도 없는 친구잖아.

　　A : 本当にごめん。いつも大変なことばかり言って。
　　B : 何を言っているんだよ。かけがえのない友達じゃないか。

★"**힘든 부탁만 해서**"は直訳すると「大変なお願いばかりして」。

★**둘도 없는 친구** …二人といない友達。"**둘도**（二人も）**없는**（いない）"は「またとない」「かけがえのない」の意味で使われる。

223 말만 들어도 고맙다.
マルマン トゥロド コマプタ

▶そう言ってくれるとうれしいよ。

A：내가 도울 수 있으면 좋을 텐데.
B：**말만 들어도 고맙다**. 마음만 받을게.

A：僕が手伝えればいいんだけれど。
B：そう言ってくれるとうれしいよ。気持ちだけ受け取っておくね。

★【語幹＋ㄹ/을 텐데】で「～はずなのに」の意味。"**텐데**"は"**터인데**"の縮約形。ここでは"**좋다**（良い）"を使って"**좋을 텐데**（良いはずなのに）"。

★"**말**（言葉）**만**（だけ）**들어도**（聞いても）**고마워**（ありがとう）"、「そう言ってくれるとうれしいよ」と意訳している。

224 몰라보게 예뻐졌어.
モルラボゲ イェッポジョッソ

▶見違えるほどかわいくなったね。

A：옆집 아가씨가 요즘 **몰라보게 예뻐졌어**.
B：쌍꺼풀 수술해서 그런 거 아냐?

A：お隣のお嬢さんが、最近見違えるほどかわいくなったね。
B：二重手術したからじゃない？

★**아가씨** …未婚の若い女性をさす。店員を呼ぶときにも使われる。
★**몰라보다** …見違える。例）"**나를 몰라보겠어?**（私がわからない？）"。
★**쌍꺼풀** …二重まぶた。「整形手術」は"**성형 수술**"。

225 보나마나 멋있지!
ボナマナ モシッチ

▶見るまでもなくかっこいいよ！

A：누나 남자친구는 멋있을까? 한번 보고 싶은데.
B：**보나마나 멋있지**! 내가 얼마나 눈이 높은데.

A：お姉さんのボーイフレンド、かっこいいのかな。一度見てみたい。
B：見るまでもなくかっこいいよ！ 私、目が肥えているから。

★【語幹＋(으)나】で「～てもしなくても」の意味。"**마나**"は"**말다**（止める /ㄹ変則）"に、"**나**"がついた形。
★**눈이 높다** …日本語の「目が高い」と同じ意味。良いものを見分ける能力があること。

226 최선을 다하면 되지.
チェソヌル タハミョン テジ

▶できるだけのことをすればいいよ。

A: 사장님이 나한테 너무 기대하시는 것 같아서 부담스러운데.
B: 최선을 다하면 되지, 뭐.

　　A: 社長が私に期待しすぎているようで、負担なんだけど。
　　B: できるだけのことをすればいいよ。

★부담스럽다 …負担に感じる。"**부담**"は漢字で書くと「負担」。ㅂ変則形容詞。
★"최선을 (最善を) 다 (すべて) 하다 (する)"で「最善を尽くす」。

227 할 마음만 있으면 돼!
ハル マウムマン イッスミョン テ

▶やる気さえあれば大丈夫！

A: 나 경험도 없고 지식도 없는데.
B: 괜찮아, 할 마음만 있으면 돼!

　　A: 経験もないし、知識もないんだけど。
　　B: 平気だよ、やる気さえあれば大丈夫！

★마음 …心、気持ち、意向。ここでは "**할** (する) **마음만** (気持ちだけ) **있으면** (あれば)" で「やる気さえあれば」と意訳。

228 노력한 보람이 있네요.
ノリョカン ポラミ インネヨ

▶努力した甲斐がありましたね。

A: 겨우 적자를 면했어요.
B: 열심히 **노력한 보람이 있네요.**

　　A: どうにか赤字を免れました。
　　B: がんばって努力した甲斐がありましたね。

★적자 …赤字。
★면하다 …免れる。"**면**"は漢字で書くと「免」。

229 열심히 해야 되겠네요.
ヨルシミ　ヘヤ　テゲンネヨ

▶もう少しがんばらなきゃね。

A : 성적이 생각만큼 안 올랐어요.
B : 좀더 **열심히 해야 되겠네요**.

　　A：成績が思ったほど上がりませんでした。
　　B：もう少しがんばらなきゃね。

★【名詞＋만큼】で一定の程度を表す。「～くらい」「～ほど」。例）"**사진만큼은 예쁘지 않았다.**（写真ほどかわいくなかった）"。

230 오늘따라 너무 고우시네요.
オヌルタラ　ノム　コウシネヨ

▶今日は一段とおきれいで。

A : 와, 우리 어머님께서 **오늘따라 너무 고우시네요**.
B : 얘, 낯 간지러운 소리 그만해. 왜 용돈 떨어졌어?

　　A：わあ。お母様、今日は一段とおきれいで。
　　B：もう、わざとらしいこと言わないで。お小遣いでも欲しいの？

★"**오늘따라**"の"**따라**"は「～に限って」の意味の助詞。
★**곱다** …きれいだ。ㅂ変則形容詞。尊敬語は"**고우시다**"。
★**얘** …「あら」「おや」などにあたる感嘆詞。
★"**낯이**（顔が）**간지럽다**（くすぐったい）"で「面はゆい」「照れくさい」の意味。
★"**왜**"は、「なぜ」の意味の疑問詞だが、疑問文の中で「おや、どうした」の意味で使われることもある。

231 눈에 넣어도 안 아플 것 같아.
ヌネ ノオド ア ナプル コッ カタ

▶目に入れても痛くない。

A : 정말 따님을 너무 예뻐하시네요!
B : 워낙 어렵게 얻은 딸이라서. **눈에 넣어도 안 아플 것 같아요.**

   A : 本当に娘さんがかわいいんですね。
   B : ようやく授かった娘ですからね。目に入れても痛くないですよ。

★**따님** …娘さん。相手の"딸(娘)"に対しての敬語。
★**워낙** …なにしろ。あまりにも。もともと。
★"**어렵게**(難しく) **얻은**(得た) **딸**(娘)"で「ようやく授かった娘」。

CHAPTER 5
不満・辛口 フレーズ

不満や辛口なコメントだって、韓国語で言ってみたい。
友達をからかってみたり、嫌な気持ちを吐き出してみよう！
さらりと言って、相手を驚かすことができるかも。

232 못쓴다.
モッ スンダ
▶ダメだ。

A : 할머니, 좀 비켜!
B : 너, 어르신한테 그러면 **못쓴다**.

> A : ばあさん、ちょっとどいて！
> B : おい、目上の人にそんな言い方はダメだよ。

★**어르신** …父の友人や老人に対する尊敬語。"**어르신네**"の縮約形。

★**못쓰다** …よくない、いけない、ダメだ。

★儒教文化の残る韓国では、かなり薄れてきたとはいえ「長幼の序（年齢・地位・先後輩などによる序列）」が重んじられている。

233 꽝이야.
クァンイヤ
▶最低。

A : 이번 신인 가수는 어때?
B : 노래도 꽝, 춤도 **꽝이야**.

> A : 今度の新人歌手はどう？
> B : 歌も最低、踊りも最低だよ。

★**신인 가수** …新人歌手。

★**꽝** …「空くじ」という意味の俗語。「はずれ、アウト、最悪」などの意味。

234 하지마.
ハジマ
▶やめて。

A : 나 어젯밤에 귀신 봤는데.
B : **하지마**! 벌써 소름이 끼치는 거 봐.

> A : ゆうべ、お化け見たんだけど。
> B : やめて！ 鳥肌たつじゃない、ほら。

★**귀신** …お化け。漢字で書くと「鬼神」。「幽霊」は"**유령**"。

★**소름** …寒さや恐怖などで肌があわ立つこと。鳥肌。"**소름이 끼치다**"で「鳥肌が立つ、身の毛がよだつ」

235 그만두자.
クマン トゥジャ

▶もういいよ。

A: 어제는 갑자기 사장님이 부르셔서 못 왔어.
B: 그러면, 그제는?
A: 그제는 친구가 불러서….
B: **그만두자.** 이제 너랑 더이상 할 말이 없어.

A: 昨日、急に社長に呼ばれて来られなかったんだ。
B: で、一昨日は？
A: 一昨日は友達に呼ばれて……。
B: もういいよ。もう君にこれ以上、言うことない。

★**부르다** …呼ぶ。르変則動詞。韓国語は"**사장님이 부르셔서**（社長が呼ぶので）"、"**친구가 불러서**（友達が呼ぶので）"となっているが、日本語は「〜に呼ばれて」と受身に意訳している。

★**그제** …一昨日。"**그저께**"ともいう。

236 너 바보니?
ノ パボニ

▶バカじゃないの？

A: 여친한테 그 이야기 했다가 변태로 낙인 찍혔어.
B: **너 바보니?** 여자한테 음담패설을 하고?

A: ガールフレンドにあの話をしたら変態の烙印を押されたよ。
B: バカじゃないの？ 女の子にわい談なんてして。

★**여친** …ガールフレンド。"**여자친구**"の略称で、若者言葉。

★"**낙인이**（烙印が）**찍히다**（刻まれる）"で「烙印を押される」。

★**음담패설** …わい談。

237 말도 안돼.
マルド アンデ

▶話にならない。

A : 이 노래가 표절이라고 하던데.
B : 곡이 비슷할 수도 있지 않은가? 그걸 표절이라고 하는 건 **말도 안돼.**

A : この歌、盗作っていってたけど。
B : 曲が似るってことはありえるんじゃない？ それを盗作だといったら話にならないね。

★표절 …剽窃。他人の作品を盗んで自分のものとして発表すること。
★【語幹＋던데】で不審や感嘆の気持ちを表す。「～だったよ」の意味。
★"말이 (言葉に) 안되다 (ならない)" で「とんでもない、話にならない」の意味。

238 못 참겠어.
モッ チャムケッソ

▶我慢できない。

A : 딱지가 가려워서 **못 참겠어.**
B : 긁으면 흉터가 생기니까 긁지 마.

A : かさぶたがゆくて我慢できない。
B : かいたら傷跡ができるから、かかないで。

★딱지 …かさぶた。カニの甲羅や甲虫類の硬い羽なども "**딱지**" という。
★긁다 …か (掻) く。例) "등 좀 긁어줘 (背中ちょっとかいて)"。

239 빨리 정해.
パルリ チョンヘ
▶早く決めて。

A: 어느 걸로 할까 망설여지는데.
B: 이걸로 할지 저걸로 할지 **빨리 정해**.

　　A: どっちにするか、迷ってるんだけど。
　　B: これにするか、あれにするか、早く決めてよ。

★**어느** …どの〜。選択疑問を表す。例）"**어느 사람**（どの人）"、"**어느 나라 말**（どの国の言葉）"。また、任意のものをさす場合にも使う。例）"**어느 날**（ある日）"。

★【動詞語幹＋**아/어 지다**】で自発的な意味を表す。「〜れる」「〜られる」の意味。ここでは "**망설이다**（ためらう）" を使って "**망설여지다**（ためらわれる）"。

240 짜증 난다.
チャチュン ナンダ
▶イライラする。

A: 시끄러워서 집중이 안돼. **짜증 난다**.
B: 조용한 데로 옮길래?

　　A: うるさくて集中できないな。イライラする。
　　B: 静かなところに移動する？

★**집중되다** …集中する。"**집중이 안되다**" で「集中できない」。

★"**짜증이**（かんしゃくが）**나다**（出る）" で「かんしゃくが起きる」「イライラする」。"**짜증을**（かんしゃくを）**내다**（出す）" で「かんしゃくを起こす」ともいう。

241 형편 없어.
ヒョンピョノブソ
▶散々だ。

A: 이번 학기 성적이 **형편 없어**. 어떡하지?
B: 놀기만 했으니 당연한 결과지.

　　A: 今学期の成績が散々だ。どうしよう？
　　B: 遊んでばかりだったから、当然の結果でしょ。

★**형편** …事の成り行き、状況、具合。"**형편이 없다**" は、「思わしくない、ひどい」の意味と「取るに足らない、つまらない」の意味で使われる。

★【動詞＋**기만 하다**】で「〜ばかり」の意味。ここでは "**놀다**（遊ぶ）" を使って "**놀기만 하다**（遊んでばかり）"。

★**당연하다** …当然だ。"**당연**" は漢字で書くと「当然」。

CHAPTER 5

242 너 때문이야.
ノ テムニヤ

▶ お前のせいだ。

A: 니 말대로 고백했다가 차였잖아. 다 **너 때문이야**!
B: 왜 그래? 내가 억지로 등 떠민 것도 아닌데.

 A: 君の言うとおり告白したら振られたじゃないか。お前のせいだ！
 B: なんで？ 私が無理やり仕向けたわけでもないのに。

★【過去形語幹＋다가】で動作が完了した後に次の動作に移ることを示す。「〜たら」の意味。ここでは"**고백하다** (告白する)"の過去形"**고백했다**"を使って"**고백했다가** (告白したら)"。

★**떠밀다** …強く押す。"**떠다밀다**"の縮約形。ㄹ変則動詞。

243 싫어졌어요.
シロジョッソヨ

▶ 嫌になったんです。

A: 왜 헤어졌어?
B: 둘이 같이 있으면 힘들기만 해요. 모든 게 **싫어졌어요**.

 A: なんで別れたの？
 B: 二人でいてもつらいだけ。全部嫌になったんです。

★【語幹＋기만 하다】で「〜なだけだ」の意味。ここでは"**힘들다** (つらい)"を使って"**힘들기만 하다** (つらいだけだ)"。

244 촌스러운데.
チョンスロウンデ

▶ ダサいんだけど。

A: 그 모자는 좀 **촌스러운데**.
B: 그래? 내 눈에는 멋있어 보이는데.

 A: その帽子、ちょっとダサいんだけど。
 B: そう？ 僕にはかっこよくみえるけど。

★**촌스럽다** …田舎くさい。やぼったい。"**촌**"は漢字で書くと「村」。

★**멋** …洗練されていること。粋。"**멋이** (粋が) **있다** (ある)"で「素敵だ、しゃれている」の意味。

245 변명 그만해.
ピョンミョン クマネ

▶言い訳しないで。

A : 한시간이나 기다렸는데.
B : 미안해. 비가 오는 데다가 길이 막혀서···.
A : 됐어. **변명 그만해.**

    A : １時間も待ったんだけど。
    B : ごめん。雨が降ってるうえに道が混んでて…。
    A : いいよ。言い訳しないで。

★【連体形＋데다가】で「～であるうえに」「～するうえに」の意味。ここでは "비가 오다 (雨が降る)" を使って "비가 오는 데다가 (雨が降るうえに)"。

★**변명** …言い訳、漢字で「弁明」。例) "**변명을 하다.** (言い訳をする)"。

246 이젠 늦었어.
イジェン ヌジョッソ

▶もう遅い。

A : 미안해. 앞으로 너한테 잘 할게.
B : **이젠 늦었어.**

    A : ごめん。これから君を大事にするよ。
    B : もう遅いの。

★ "**잘 (よく) 할게** (するよ)" で「親切にするよ」「ちゃんとするよ」などの意味で使う。

★ "**이젠**" は "**이제는**" の縮約形。"**이제**" は「今、もうすぐ」のほかに「もう、すでに」の意味もある。

247 이제 지겨워.
イジェチギョウォ

▶いい加減うんざり。

A : 또, 외식이야! **이제 지겨워.** 집에서 밥 먹자.
B : 너무 피곤해서 그러니까 좀 봐줘요.

    A : また外食！ いい加減うんざりだよ。家で食べようよ。
    B : すごく疲れてるんだから、許して。

★**지겹다** …飽き飽きする、退屈だ。ㅂ変則形容詞。

★**봐 (보아) 주다** …大目に見る。見逃す。例) "**이번만 봐 주세요.** (今度だけ大目に見てください)"。

CHAPTER 5

248 버릇이 없어.
ポルシ オプソ

▶礼儀がなってないね。

A: 부하직원들이 나한테 인사도 안해.
B: 맞아. 요즘 젊은애들은 **버릇이 없어**.

A: 部下たちが私に挨拶もしないんだよ。
B: そうそう。最近の若者は礼儀がなってないね。

★버릇 …「癖」という意味と「しつけ、行儀」の意味がある。"**버릇이**（しつけが）**없다**（ない）"で「行儀が悪い」「無作法だ」。

★젊은애 …若者。

249 그것도 몰라?
クゴット モルラ

▶そんなことも知らないの?

A: 지금 무슨 선거하고 있어?
B: 너 **그것도 몰라**? 신문 좀 봐라.

A: 今、何の選挙してるの?
B: そんなことも知らないの? 新聞読みなよ。

★선거 …選挙。

★보다 …通常「見る」の意味だが、ほかにも「読む」「会う」「(試験を)受ける」など幅広い意味がある。例)"**친구를 보다**.(友達に会う)"、"**일을 보다**.(仕事をする)"。

250 구역질이 나.
クヨクチリ ナ

▶吐き気がする。

A: 태수 얼굴만 봐도 **구역질이 나**.
B: 왜 그렇게 싫어해?
A: 좀 힘이 있고 이득이 되는 사람 앞에서는 너무 비굴하게 굴어.

A: テスの顔見るだけで吐き気がする。
B: なんでそんなに嫌ってるの?
A: ちょっと力があって利用できる人の前ではすごく卑屈になるから。

★구역질 …吐き気。
★이득 …利得。"**이득이**（得に）**되다**（なる）"で「利用できる」。
★굴다 …ふるまう。

251 이제 질렸어.
イジェ チルリョッソ

▶もうたくさん。

A: 언제 퇴원할 수 있어?
B: 아직 몰라. 빨리 집에 가고 싶다. 병원은 **이제 질렸어**.

   A: いつ退院できるの？
   B: まだわからない。早く帰りたいよ。病院はもうたくさんだよ。

★**퇴원** …退院。「入院」は "**입원**"。
★ "**집에** (家に) **가다** (行く)" で「(家に) 帰る」の意味。
★ **질리다** …飽き飽きする。うんざりする。

252 착각하지 마.
チャカカジ マ

▶勘違いしないで。

A: **착각하지 마**. 널 만나러 온 게 아니야.
B: 나도 알아.

   A: 勘違いしないで。あなたに会いに来たんじゃないから。
   B: わかってるよ。

★**착각** …錯覚。例）"**착각을 일으키다** (錯覚を起こす)"、"**눈의 착각** (目の錯覚)"。
★**만나다** …会う。"**널**"は "**너를** (君を)" の縮約形。日本語では「君に会う」というが、韓国語では "**너를** (君を) **만나다** (会う)" と助詞の "**를/을** (を)" を使う。

253 입 좀 다물어.
イブ チョム タムロ

▶ちょっと黙ってて。

A: 이거 언제 샀어? 선물 받은 거야? 야, 내말 듣고 있니?
B: 나 다른 일로 머리 아프니까 제발 **입 좀 다물어**.

   A: これ、いつ買ったの？ もらったの？ ねえ、聞いてる？
   B: ほかの事で頭がいっぱいだから、お願い、ちょっと黙ってて。

★**다물다** … (口を) つぐむ、閉じる。
★ "**입** (口) **좀** (少し) **다물어** (閉めてくれ)" で「ちょっと黙ってくれ」の意味。

254 방정 떨지말고.
パンジョン　トルジマルゴ
▶調子に乗らないで。

A : 선수들이 너무 멋있어! 이쪽 보고 있네! 어떡하면 좋아?
B : **방정 떨지말고**. 응원 좀 해라.

　　A : 選手たち、すごくかっこいい！ こっち見てる！ どうしたらいい？
　　B : 調子に乗らないで。少しは応援しなよ。

★**방정** …軽はずみな言動や行動。"**방정(을) 떨다**"で「調子に乗る、浮かれて騒ぐ」の意味。最近では、ゴマ(**깨**)を炒るときに飛び散るイメージから"**깨방정**"ともいう。

255 그건 편견이야.
クゴン　ピョンギョニヤ
▶それは偏見だよ。

A : 여자들은 질투심이 많잖아.
B : **그건 편견이야**.

　　A : 女って嫉妬深いだろ。
　　B : それは偏見だよ。

★"**질투심이**(嫉妬心が)**많다**(多い)"で「嫉妬深い」。「嫉妬する」は"**질투하다**"。
★**편견** …偏見。例)"**편견에 사로잡히다**(偏見にとらわれる)"。

256 눈앞이 캄캄하다.
ヌナピ　カムカマダ
▶お先真っ暗だ。

A : 불황이 언제까지 계속될까?
B : 물가는 오르는데 임금은 안 오르고 **눈앞이 캄캄하다**.

　　A : 不況はいつまで続くんだろう？
　　B : 物価は上がるのに賃金は上がらないし、お先真っ暗だ。

★**불황** …不況。「好況」は"**호황**"。
★**캄캄하다** …真っ暗だ。「希望が持てない」という意味でも使う。

257 진짜 지루한데.
チンチャ チルハンデ

▶すごく退屈なんだけど。

A: 그 영화를 볼까 말까 고민 중인데 어땠어?
B: 처음은 **진짜 지루한데**. 뒤에는 볼 만해.

> A: その映画、見るかどうか悩んでいるんだけど、どうだった？
> B: 最初はすごく退屈だけど。後半はまあまあ。

★**지루하다** …退屈だ。飽き飽きする。
★"**볼 만해**"は直訳すると「見るに値する」の意味。

258 아무래도 좋아.
アムレド チョア

▶どうでもいいよ。

A: 누가 비밀을 누설했지.
B: 그런 건 **아무래도 좋아**.

> A: 誰が秘密を漏らしたんだろう。
> B: そんなこと、どうでもいいよ。

★**누설** …漏らす。漢字で「漏洩 (ろうえい)」。
★**아무래도** …どうでも。どうしても。やはり。"아무리 하여도"の縮約形。

259 열 받아 죽겠어.
ヨル パダ チュクケッソ

▶頭にきてしょうがない。

A: 니 우산이 없네? 누가 훔쳐갔나 봐.
B: 벌써 세번째야. **열 받아 죽겠어**.

> A: 傘がないね？ だれか盗っていったのかな。
> B: もう3度目だよ。頭にきてしょうがない。

★【動詞語幹＋아/어 가다】で「〜ていく」の意味。ここでは"**훔치다** (盗む)"を使って"**훔쳐가다** (盗んでいく)"。
★"**열을** (熱を) **받다** (受ける)"で「頭にくる」。

CHAPTER 5 97

260 아는 척 하지 마.
アヌン チョ カジマ

▶わかったような口きかないで。

A: 좀 더 솔직해지면 어떨까?
B: 아무것도 모르면서 아는 척 하지 마.

　　A: もう少し素直になったらどう？
　　B: 何も知らないくせに、わかったような口きかないで。

★ 솔직하다 …正直だ。率直だ。素直だ。

★【語幹＋는 척】で、「～するふり」の意味。ここでは "알다 (知る)" を使って、"아는 척 (しっているふり) 하다 (する)" を、「わかったような口をきく」と意訳している。"알다" はㄹ変則動詞。

261 비겁한 것 같아.
ピゴパン コッ カタ

▶卑怯な感じだよ。

A: 국방부장관이 명확한 답변을 안 했네.
B: 맞아. 계속 답변을 회피하는 것도 비겁한 것 같아.

　　A: 国防部長官ははっきりした答弁をしなかったね。
　　B: ほんと。ずっと答弁を避けてるのも、卑怯な感じ。

★ 韓国では日本の「省」にあたる行政機関を「部」という。

★【連体形＋것 같다】で、「～のようだ」「～のように思う」の意味。ここでは "비겁하다 (卑怯だ)" をつかって "비겁한 것 같아 (卑怯なようだ)"。

262 이럴 수가 있어?
イロル スガ イッソ

▶それはないだろ？

A: 내 일에 더 이상 참견하지 마.
B: 내가 그렇게 도와줬는데 이럴 수가 있어?

　　A: この仕事にこれ以上口出ししないで。
　　B: あんなに手伝ったのに、それはないでしょ？

★ 참견 …口出し。おせっかい。漢字で「参見」。

★【語幹＋ㄹ/을 수 있다】で可能を表す。ここでは形容詞 "이렇다 (こうだ)" を使って、"이럴 수 있어?"「そんなことが可能なのか?」の意味。「よくそんなことが言えるね、よくそんなことができるね」というニュアンスで使われる。

263 고집이 되게 세네.
コジビ テゲ セネ
▶ 相当頑固だね。

A: 전에도 말했지만 난 그 모임에는 죽어도 안 나갈 거야.
B: 와! **고집이 되게 세네.**

　　A: 前にも言ったけど、その集まりには絶対行かないから。
　　B: わ！ 相当頑固だね。

★**고집** …固執、意地、我。"**고집이**(意地が) **세다**(強い)"で「意地っ張り」「頑固」。
★**되게** …とても、非常に。"**되다**(なる、及ぶ)"から派生した副詞。

264 그건 나쁜 버릇이야.
クゴン ナップン ポルシヤ
▶ それは悪い癖だよ。

A: 너 뭐든지 남들과 비교하는데 **그건 나쁜 버릇이야.**
B: 저도 알고 있는데요, 쉽게 고쳐지지가 않아요.

　　A: 君はなんでも他人と比べるけど、それは悪い癖だよ。
　　B: 私もわかっているんですが、簡単には直りません。

★**비교하다** …比べる。"**비교**"は漢字で書くと「比較」。
★**버릇** …癖。
★【動詞語幹＋**아/어 지다**】で自発的な意味を表す。ここでは"**고치다**(直す)"をつかって"**고쳐지다**(直る)"。

265 고집불통이시니까.
コジッブルトンイシニッカ
▶ 融通きかないから。

A: 우리 사장님은 지금의 영업방식을 절대로 바꾸지 않으시겠대요.
B: **고집불통이시니까.**

　　A: うちの社長は今の営業方式を絶対に変えないって。
　　B: 融通きかないからねぇ。

★**고집불통** …意地っ張りで融通がきかないこと。漢字で「固執不通」。
★"**고집불통이시니까**"は、社長のことを言っているので、尊敬の"**시**"を入れている。

CHAPTER 5　　99

266 헛소리만 하니까.
ホッソリマン　ハニッカ

▶嘘ばっかりなんだから。

A : 기철이가 가수 데뷔한대.
B : 그 놈은 술만 마시면 **헛소리만 하니까**. 그대로 받아들이지 마.

　　A : キチョルが歌手デビューするって。
　　B : あいつは酒を飲むと嘘ばっかりなんだから。真に受けるなよ。

★ "**헛**（虚）**소리**（言葉）" で、「たわごと、虚言」の意味。
★親しい友人間でファーストネームを呼ぶときには、名前にパッチムがついている場合 "**이**"をつける。"**기철**"なら"**기철이**"。
★ "**그대로**（そのまま）**받아들이다**（受け止める）" で「真に受ける」の意味。

267 약 올리지 마세요.
ヤク　オルリジ　マセヨ

▶怒らせないでください。

A : 아이가 있어요? 몇명이에요? 아들이에요? 딸이에요?
B : **약 올리지 마세요**. 아직 결혼도 안 했어요.

　　A : 子どもがいるんですか？ 何人？ 男の子？ 女の子？
　　B : 怒らせないでください。まだ結婚もしてません。

★ "**아들이에요? 딸이에요?**" は直訳すると「息子ですか？ 娘ですか？」。
★ **약** …癪に障ること。"**약을**（癪を）**올리다**（あげる）" で「怒らせる」の意味。

268 얼굴도 보기 싫어.
オルグルド　ポギ　シロ

▶顔見るのも嫌。

A : 이제 우리 남친 **얼굴도 보기 싫어**.
B : 또 싸웠어? 금방 화해하면서.

　　A : もう彼の顔見るのも嫌。
　　B : またけんかしたの？ すぐ仲直りするくせに。

★ **화해하다** …仲直りする。"**화해**" は漢字で書くと「和解」。
★【語幹＋면서】で、二つ以上の動作を表す「〜ながら」の意味でよく使われるが、逆接の「〜のに」の意味もある。

269 이기적인 것 같아.
イギジョギン コッ カタ

▶ちょっとわがままだよね。

A : 저 선수말이야, 팀에 협조을 안해!
B : 정말 이기적인 것 같아.

> A : あの選手、チームのことを考えてないね。
> B : 本当。ちょっとわがままだよね。

★팀 …チーム。
★협조 …互いに協力して助け合うこと。漢字で書くと「協助」。"협조을 안해(協力しない)" で「チームを考えない」と意訳している。
★"이기적인 (利己的な) 것 같아 (ようだ)" で「ちょっとわがままだよね」。

270 큰 소리 치고 있네.
クン ソリ チゴ インネ

▶大口たたいてる。

A : 내가 책임 질테니까 걱정하지 마.
B : 아무런 대책도 없으면서 큰 소리 치고 있네.

> A : 私が責任とるから、心配しないで。
> B : 何の対策も講じないくせに、大口たたいている。

★책임 (을) 지다 …責任を負う。責任を持つ。
★큰 소리 …大声。大口。"큰 소리를 (大口を) 치다 (出す)" で「大口をたたく」の意味。文字通り「大声で怒鳴る」という意味もある。

271 뭔가 빠진 것 같아.
モンガ パジン コッ カタ

▶何となく物足りない。

A : 맛이 어때요?
B : 괜찮기는 한데, 뭔가 빠진 것 같아.

> A : 味はどう?
> B : まあ、おいしいんだけど、何となく物足りない。

★【語幹＋기는 하다】で、「～てはいる」の意味。ここでは "괜찮다 (悪くない)" を使って "괜찮기는 하다 (悪くはない)" を「まあ、おいしい」と意訳している。
★"뭔가 (何かが) 빠지다 (抜ける)" で「物足りない」の意味。

CHAPTER 5

272 아무것도 모르면서.
アムゴット　モルミョンソ

▶何も知らないくせに。

A: 댁의 아드님이 병역거부로 처벌 받았다면서요?
B: **아무것도 모르면서**. 함부로 말하지 마십시오.

　　A: お宅の息子さん、兵役拒否で処罰されたんですって？
　　B: 何も知らないくせに。いい加減なこと言わないでください。

★**병역거부** …兵役拒否。兵役の免除は、身体欠陥、学歴未達や家庭事情に限定されており、宗教上の理由や良心による兵役拒否は認められていない。

★**함부로** …むやみに、やたらに、いい加減に。

273 다 없었던 걸로 해줘.
タ　オプソットン　コルロ　ヘジョ

▶全部なかったことにして。

A: 다 없었던 걸로 해줘.
B: 어쩌면 너는 뻔뻔스럽게도 그런 말을 할 수 있냐?

　　A: 全部なかったことにして。
　　B: よくもずうずうしくそんなことが言えるね？

★【名詞＋(으)로 하다】で「〜にする」。"**걸로**" は "**것으로**" の縮約形。ここでは "**없었던 것**(なかったこと)" と名詞節を使っている。

★**뻔뻔스럽다** …厚かましい。ずうずうしい。

274 엉뚱한 짓을 했구나.
オントゥンハン　シスル　ヘックナ

▶とんでもないことしたね。

A: 그래서 덕수한테 상담했는데요.
B: 뭐? 너 **엉뚱한 짓을 했구나**. 덕수는 아무런 도움이 안 되는 애야.

　　A: それでドクスに相談したんだけど。
　　B: 何？ 君、とんでもないことしたね。ドクスはなんの役にもたたない奴だよ。

★**엉뚱하다** …とんでもない。突飛だ。

★「とんでもないこと」を "**엉뚱한 일**" ともいうが、"**엉뚱한 짓**" だと「余計なこと」というニュアンスがある。

275 철이 없는 짓만 하냐?
チョリ オムヌン チンマン ハニャ

CHECK✓

▶バカなことばかりしてるんだね?

A: 걔는 몇살인데 아직도 철이 없는 짓만 하냐?
B: 글쎄말이에요. 언제 철이 들런지 궁금해요.

　A: あいつはいくつになっても、バカなことばかりしているんだね?
　B: そうなんですよ。いつになったら分別がつくのか、心配です。

★걔 …"그 아이 (その子)"の縮約形。
★철이 없다 …分別がない。聞き訳がない。幼稚だ。"철"は「分別、物心、わきまえ」の意味。"철이 없는 짓 (分別のないこと)"を「バカなこと」と意訳している。
★【語幹+ㄹ/을런지】で話し手の推測・可能性を表す。「~だろうか」「~かどうか」。ここでは"철이 들다 (分別がつく)"を使って"철이 들런지 (分別がつくかどうか)"。"들다"はㄹ変則動詞。

276 이제 아무도 못 믿겠어.
イジェ アムド モン ミッケッソ

CHECK✓

▶もう誰も信じられない。

A: 지난번 강도사건의 범인이 경찰관이래.
B: 정말? 이제 아무도 못 믿겠어.

　A: この前の強盗事件の犯人が警察官だったって。
　B: 本当? もう誰も信じられない。

★【指定詞の語幹+래】で伝聞を表す。「~だって」の意味。"라고 해"の縮約形。
★"아무도 (誰も)"の後は否定文が続く。例)"아무도 모른다 (誰も知らない)"。

CHAPTER 5　103

277 틀에 박힌 생각이에요.
トゥレ パキン センガギエヨ
▶ステレオタイプな考え方ですよ。

A : 한국음식은 다 매운 줄 알았는데.
B : 그건 틀에 박힌 생각이에요.

　　A : 韓国料理はみんな辛いと思っていたんだけど。
　　B : それはステレオタイプな考え方ですよ。

★【語幹+ㄴ/은 줄 알다】で「~だろうと思う」。ここでは"맵다（辛い）"を使って"매운 줄 알다（辛いだろうと思う）"。

★"틀에（枠に） 박힌（はまった） 생각（考え）"で「ステレオタイプ」。"고정관념（固定観念）"ともいう。

278 뱃속이 시커먼 놈이야.
ペッソギ シコモン ノミヤ
▶腹黒いヤツだよ。

A : 나 대신에 정민이가 야근을 하겠다고 해요.
B : 걔는 뱃속이 시커먼 놈이야. 조심해.

　　A : 私の代わりにチョンミンが残業するって。
　　B : 彼は腹黒いヤツだよ。気をつけな。

★대신 …身代わり。代理。漢字で書くと「代身」。
★야근 …残業。漢字で「夜勤」。
★"뱃속이（腹の中が） 시커먼（真っ黒い） 놈（奴）"で「腹黒い奴」の意味。

279 쓸데 없는 걱정하지 마.
スルデ オムヌン コクチョンハジ マ
▶余計な心配しないで。

A : 일본에 가면 김치를 못 먹으니까 힘들겠다.
B : 야, 슈퍼에만 가면 얼마든지 살 수 있어. 쓸데 없는 걱정하지 마.

　　A : 日本に行ったらキムチ食べられないから、大変だよな。
　　B : スーパーでいくらでも買えるよ。余計な心配しないで。

★"쓸데가（使い道が） 없다（ない）"で「役に立たない、無用だ」の意味。

280 기가 막혀서 말이 안 나와.
キガマキョソ　マリ　アンナワ

▶ あきれてものも言えない。

A : 그 친구가 너무 급하다고 해서 돈을 빌려줬는데 나 속았나 봐.
B : 그 친구 말을 그대로 믿었냐? 이번이 몇번째냐? **기가 막혀서 말이 안 나와.**

　　A : 友達が困ってたからお金を貸したんだけど、騙されたみたい。
　　B : あの人の言葉を信じたの？ いったい何度目？ あきれてものも言えないよ。

★【語幹＋나 보다】で「～みたいだ」「～そうだ」の意味。ここでは "**속다** (騙される)" の過去形 "**속았다**" を使って "**속았나 봐** (騙されたみたい)"。

★ "**기가** (気が) **막히다** (詰まる)" で「あきれる」の意味。「非常にすばらしい」とほめるときにも使う。例）"**기가 막히게 맛있다** (とても美味しい)"。

CHAPTER 6

注意・忠告 フレーズ

目を覚ませよ！急いでください！
危険を知らせたり、注意したり、軽く忠告してみたり。
こんな表現も、さりげなく言えるとカッコいい。

281 꿈 깨!
クム ケ

▶目を覚ませよ！

A: 프로야구 선수가 된다고? **꿈 깨!** 니가 지금 몇살인데!
B: 나 아직 안 늦었어.

> A: プロ野球の選手になるって？ 目を覚ましなよ。いったいいくつなの！
> B: まだ間に合うさ。

★【指定詞語幹＋ㄴ데】で非難、反論を表す。ここでは "**몇살이다**（何歳だ）" を使って "**몇살인데**（いくつだよ）"。

★ "**안 늦었어**（遅れなかった）" は「間に合う」の意味でよく使われる。

282 발 끊어.
パル クノ

▶手を切りなよ。

A: 싸움에 말려들어서 좀 다쳤어.
B: 너 요즘 불량배랑 사귀어서 그래. 빨리 **발 끊어.**

> A: けんかに巻き込まれて怪我したんだ。
> B: 最近、不良と付き合っているからだよ。早く手を切りなよ。

★ **말려들다** …巻き込まれる。巻き添えを食う。

★ "**발을**（足を）**끊다**（切る）" で「手を切る」「関係を断つ」の意味。

283 잊지 마.
イッチ マ

▶忘れないで。

A: 돌아올 때 우유 사오는 거 **잊지 마.**
B: 혹시 모르니까 문자 보내줘.

> A: 帰ってくるとき牛乳買ってくるの忘れないで。
> B: 忘れるかもしれないから、メールして。

★ "**혹시 모르니까**" は直訳すると「ひょっとしてわからないから」の意味。

★ "**문자를**（文字を）**보내다**（送る）" で「携帯メールを送る」の意味。

CHAPTER 6

284 놀라지 마.
ノルラジ　マ

▶驚かないで。

A : 내 옛날 사진 보고 **놀라지 마**. 나 대학교 때 쌍꺼풀 수술했거든.
B : 와, 정말이네. 지금이 훨씬 예쁘다.

   A : 昔の写真みて驚かないで。学生のとき二重手術したの。
   B : わ、本当だ。今のほうがずっとかわいい。

★**놀라다** …驚く。例）"**깜짝 놀랐다**（びっくりした）"。

★**쌍꺼풀** …二重まぶた。「整形手術」は "**성형수술**（成形手術）" という。

285 반성하세요.
パンソンハセヨ

▶反省してください。

A : 이런 잘못을 반복하지 않도록 **반성하세요**.
B : 죄송합니다. 하지만 저도 왜 그랬는지 잘 모르겠어요.

   A : このようなことを繰り返さないために、反省してください。
   B : すみません。でも自分でもなんであんなことしたのかよくわかりません。

★**반복하다** …繰り返す。漢字で書くと「反復하다」。

★【動詞語幹＋**는지**】で間接疑問を表す。「〜のか」「〜かどうか」の意味。ここでは "**그렇다**（そうだ）" の過去形 "**그랬다**" を使って "**그랬는지**（そうだったのか）"。

286 서두르세요.
ソドゥルセヨ

▶急いでください。

A : 스키 용품을 사야 하는데 언제까지 세일이래요?
B : 내일 끝난대요. **서두르세요**.

   A : スキー用品を買わなきゃならないんですが、いつまでセールですか？
   B : 明日終わるそうですよ。急いでください。

★**세일** …セール。「バーゲン」は "**바겐**"、「50％割引セール」なら "**50％ 할인 세일**"。「50％」は "**오십 프로**" と読む。

★**서두르다** …急ぐ。르変則動詞。

287 진정하세요.
チンジョンハセヨ

▶落ち着いてよ。

A: 너희 아버지는 일이 잘못되면 왜 다 내 탓이라고 하니?
B: 엄마 **진정하세요.**

> A: お父さんって何かあるとなんで全部私のせいだっていうの?
> B: お母さん、落ち着いてよ。

★**진정하다** …落ち着く。"**진정**" は漢字で書くと「鎮静」。

288 방해하지 마.
パンヘハジ マ

▶邪魔しないで。

A: 심심해 죽겠어. 지금 놀러 가도 돼?
B: 내일 회의 준비하느라고 바쁘니까 **방해하지 마.**

> A: 退屈で死にそう。今、遊びに行ってもいい?
> B: 明日の会議の準備で忙しいから、邪魔しないで。

★**심심하다** …退屈だ。
★【動詞語幹+느라고】で、その動作が原因であることを表す。ここでは "**준비하다**(準備する)" を使って "**준비하느라고**(準備するために)"。
★**방해하다** …邪魔する。"**방해**" は漢字で書くと「妨害」。

289 불쌍해 보여.
プルサンヘ ポヨ

▶みっともないよ。

A: 나 다이어트 좀 할까 봐.
B: 하지 마. 너무 살 빠지면 **불쌍해 보여.**

> A: ダイエットしようかな。
> B: やめときな。やせすぎるとみっともないよ。

★【語幹+ㄹ/을까 보다】で、不確実な自分の意志「～しようか」「～だろうか」を表す。
★"**살이**(肉が) **빠지다**(おちる)" で「やせる」の意味。
★【語幹+아/어 보이다】で「～のように見える」の意味。ここでは "**불쌍하다**(哀れだ)" を使って "**불쌍해 보이다**(哀れに見える)" で「みっともないよ」と意訳。

290 서두르지 마.
ソドゥルジ　マ

▶あわてるなよ。

A: 오늘 사표를 낼 생각이야.
B: 너무 **서두르지 마**. 잘 생각해 보고 행동해.

　　A: 今日、辞表を出すつもりなんだよ。
　　B: あわてるなよ。よく考えてから行動しなよ。

★**사표** …辞表。
★**생각** …考え。ほかに、「気持ち」「意図」「つもり」などの意味がある。

291 말 돌리지 마.
マル　トゥルリジ　マ

▶はぐらかさないで。

A: 왜 요즘 이렇게 늦게 들어와?
B: 어! 근데 너 머리 잘랐어? 예쁘네.
A: **말 돌리지 마**. 난 진지하게 얘기하는 거야.

　　A: なんで最近帰りがこんなに遅いの？
　　B: あれ、髪の毛切った？　かわいいね。
　　A: はぐらかさないで。まじめに話してるの。

★**들어오다** …入る。職場や外から帰る。
★"**말을**(言葉を)**돌리다**(転ずる)"で「はぐらかす」の意味。

292 이제 그만 해.
イジェ　クマ　ネ

▶もうやめて。

A: 내탓이 아니야! 그녀한테도 문제가 많았어.
B: **이제 그만 해**. 변명하면 할수록 치사해진다, 너.

　　A: 僕のせいじゃないよ。彼女にも問題があったし。
　　B: もうやめて。言い訳すればするほどみっともないよ。

★第三者について述べる場合、会話では通常、本人の名前を言うが、例のように"**그녀**(彼女)""**그**(彼)"を使う場合もある。
★【語幹＋ㄹ/을수록】で「(〜すれば)するほど」の意味。ここでは"**변명하다**(弁明する)"を使って"**변명하면 할수록**(言い訳すればするほど)"。

293 약속했잖아.
ヤクソケッチャナ

▶約束したじゃない。

A: 미안, 미안, 또 늦었네.
B: 늦지 않겠다고 **약속했잖아**.

> A: ごめん、ごめん。また遅れちゃったね。
> B: 遅れないって約束したじゃない。

★**약속하다** …約束する。激音化が生じて[**약소카다**]と発音する。

★【語幹＋**잖다**】で「〜じゃない」の意味。"**지 않다**"の縮約形。

294 끝까지 해야지.
クッカジ ヘヤジ

▶最後までやらなきゃ。

A: 저번에 사준 퍼즐 다 완성했어?
B: 너무 어려워서 하다가 말았어요.
A: 한번 시작한 거 **끝까지 해야지**.

> A: この間買ってあげたパズル、できた？
> B: 難しすぎて途中のまま。
> A: 一度始めたものは最後までやらなきゃ。

★**퍼즐** …パズル。

★"**하다가 말았다**"の直訳は「しかけてやめた」「途中でやめた」という意味。

295 조금만 참아라.
チョグムマン チャマラ

▶少しだけ我慢して。

A: 담배 끊은 지 일주일이 됐는데 더이상 못 참겠어.
B: **조금만 참아라**. 이 고비만 넘기면 좀 편해질 거야.

> A: たばこをやめてから１週間になるけどこれ以上我慢できない。
> B: もう少し我慢しな。この峠を越えれば楽になるよ。

★【動詞語幹＋ㄴ/은 지】で「〜してから」「〜して以来」の意味。ここでは"**끊다**（やめる）"を使って"**끊은 지**（やめてから）"。

★**고비** …峠。

296 말이 좀 심하다.
マリ チョム シマダ

CHECK✓

▶**言いすぎ。**

A : 오랜만이네. 잘 있었어?

B : 살이 많이 쪘네. 어디서 돼지 한마리가 들어오는 줄 알았어.

A : 그건 **말이 좀 심하다.**

A : 久しぶり。元気だった？
B : ずいぶん太ったね。ブタが一匹まぎれこんだのかと思った。
A : それは言いすぎ。

★ "**살이**(肉が) **찌다**(つく)" で「太る」の意味。「やせる」は "**살이**(肉が) **빠지다**(落ちる)"。

★ **심하다** …ひどい。厳しい。過酷だ。"**심**" は漢字で書くと「甚」。

297 다시 생각해 봐.
タシ センガケバ

CHECK✓

▶**考え直しなよ。**

A : 자동차를 새차로 바꾸고 싶은데요.

B : 아직 잘 달리잖아. **다시 생각해 봐.**

A : 車を新しく買い替えたいんだけど。
B : まだ十分走るじゃない。考え直しなよ。

★ **새차** …新車。

★ "**다시 생각해 봐**" は直訳すると「再度考えてみる」の意味。

298 건강에 안 좋아.
コンガンエ　アンジョア
▶健康に悪いよ。

A : 또 컵라면 먹어?
B : 맛있잖아. 난 맨날 먹어.
A : 인스턴트 음식은 **건강에 안 좋아**.

> A : またカップラーメン食べるの?
> B : おいしいよ。毎日食べてるんだ。
> A : インスタント食品は健康によくないよ。

★**컵라면** …カップラーメン。"**컵**"は「コップ」の意味でも使う。

★**인스턴트** …インスタント。「即席」は"**즉석**"。

299 고운말 좀 써라.
コウンマル　チョム　ソラ
▶きれいな言葉を使ってよ。

A : 야, 임마! 너 돌았니? 똑같은 실수를 세번이나 하고.
B : 우리 딸 앞에서는 **고운말 좀 써라**. 따라 할까 무섭다.

> A : おい、いかれたのか。同じこと3度も間違えてるぞ。
> B : 娘の前ではきれいな言葉を使ってよ。まねしそうで恐い。

★**돌다** …回る。「気がふれる」「気が狂う」という意味もある。

★**따르다** …追う。ついていく。従う。倣う。으変則動詞。"**따라**（倣って）**하다**（行う）"で「まねする」。

300 잘 생각해 봤어?
チャル　センガケ　バッソ
▶よく考えたの?

A : 회사 그만두고 농사나 지으려고요.
B : 농사가 쉬운 줄 아니? **잘 생각해 봤어?**

> A : 会社を辞めて農業でもしようと思っているんです。
> B : 農業が簡単だと思ってるの? よく考えたの?

★**짓다** …（農業を）する。ほかに「(ご飯を)炊く」、「(薬を)調合する」という場合に使われる。ㅅ変則動詞。

★**【語幹＋ㄴ/은 줄 알다】**で「～だと思う」の意味。ここでは"**쉽다**（簡単だ）"を使って"**쉬운 줄 알다**（簡単だと思う）"。

301 짚이는 거 없어?
チピヌン コ オプソ

▶心当たりはないの？

A : 저 친구하고 왜 그렇게 서먹해 졌는지….
B : 뭔가 **짚이는 거 없어**?

A：友達となんでこんなによそよそしくなったのか…。
B：何か心当たりはないの？

★**서먹하다** …よそよそしい。気まずい。"**서먹서먹하다**" とも言う。

★【形容詞語幹＋**아/어 지다**】で状態の変化を表す。ここでは "**서먹하다**" を使って "**서먹해 지다** (よそよそしくなる)"。

★**짚이다** …思い当たる。"**짚이는** (思い当たる) **것** (こと)" で「心当たり」の意味。

302 더 이상 말하지 마.
ト イサン マルハジ マ

▶それ以上言わないで。

A : 내 잘못이 아니야. 진짜야!
B : 됐어. **더 이상 말하지 마**. 말해 봤자 소용없을 테니까.

A：僕は悪くないよ。本当だってば！
B：もういい。それ以上言わないで。言っても仕方ないから。

★**됐어** …**되다** (十分だ、かまわない) の過去形で、「もういい」「もう結構」の意味。

★【動詞語幹＋**아/어 보았자**】で、「たとえ～しても (仕方がない)」の意味。ここでは "**말하다** (言う)" を使って "**말해 봤자** (言ってみても)"。"**봤자**" は "**보았자**" の縮約形。

303 정신을 차려야지.
チョンシヌル チャリョヤジ

▶しっかりしなきゃ。

A : 우리 아버지 사업이 망할 것 같아요, 어떡해요?
B : 이럴 때일수록 니가 **정신을 차려야지**.

A：お父さんの事業がつぶれそうです。どうしましょう？
B：こういう時ほど、君がしっかりしなきゃ。

★**망하다** …滅びる。つぶれる。"**망**" は漢字で書くと「亡」。

★"**정신을** (精神を) **차리다** (整える)" で「気がつく、しっかりする」という意味。

CHAPTER 6　115

304 현실을 직시해라.
ヒョンシルル　チクシヘラ

▶現実を直視しなよ。

A : 아직 취직도 안하고 뭐해?
B : 난 소설가가 된다니까.
A : 그러면서 아직도 소설 한편도 당선되지 못했잖아. **현실을 직시해라.**

  A : まだ就職もしないで何しているの？
  B : 私は小説家になるんだってば。
  A : そういいながら小説ひとつも当選してないじゃない。現実を直視しなよ。

★【動詞語幹＋ㄴ/는다니까】で「〜のだよ」「〜ってば」と相手に対する不快感を伴った言い方。"ㄴ다고 하니까"の縮約形。

★편 …本や映画、詩などを数える単位の「編」。韓国語では「篇」の漢字を使う。

305 안된다고 했잖아.
アンデンダゴ　ヘッチャナ

▶だめだって言ったのに。

A : 오늘 고백했는데 차였어.
B : 애인이 있으니까 **안된다고 했잖아.**

  A : 今日、告白したら振られちゃった。
  B : 恋人がいるからだめだって言ったじゃない。

★애인 …恋人。漢字で書くと「愛人」。

★【語幹＋(으)니까】で原因・理由を表す。「〜だから」。ここでは"있다 (いる)"を使って"있으니까 (いるから)"。

306 위험하지 않겠어?
ウィホマジ アンケッソ
▶危険じゃない？

CHECK✓

A : 이번 주말에 북한산에 가기로 했어.
B : 이렇게 눈이 많이 쌓였는데, 너무 **위험하지 않겠어**?

　　A : 今度の週末、北漢山に行くことにしたよ。
　　B : こんなに雪が積もっているのに、すごく危険じゃない？

★**북한산** …北漢山。ソウル北部に位置する 800ｍ超の名山。
★**위험하다** …危険だ。"**위험**"は、漢字で「危険」。

307 시간 낭비가 아냐?
シガン ナンビガ アニャ
▶時間の無駄じゃない？

CHECK✓

A : 트위터를 시작했어.
B : 컴퓨터에 시간을 많이 빼앗길텐데…. **시간 낭비가 아냐**?

　　A : ツイッターを始めたよ。
　　B : PCに時間とられることになるのに、時間の無駄じゃない？

★**트위터** …twitter。「つぶやく」は"**중얼거리다**"。
★**낭비** …無駄。漢字で書くと「浪費」。

308 세계로 눈 돌려 봐.
セゲロ ヌン トルリョ バ
▶世界に目を向けてごらんよ。

CHECK✓

A : 국내 시장이 불경기라서 판매량이 점점 줄어들고 있어.
B : **세계로 눈 돌려 봐**. 판매시장을 넓힐 수 있을 거야.

　　A : 国内市場の不況で販売量が落ちてるんだよ。
　　B : 世界に目を向けてごらん。マーケットを広げることができるよ。

★**불경기** …不景気。
★**넓히다** …広げる。"**넓다**（広い）"から派生した動詞。ㅂとㅎがぶつかり激音化が生じるので［**널피다**］と発音する。

CHAPTER 6

309 왜 남 눈치를 보냐?
ウェ ナム ヌンチルル ポニャ

▶なんで人の目を気にするの？

A: 가기 싫으면 안가면 되지. 왜 남 눈치를 보냐?
B: 내가 소심해서 그런지 눈치가 보이더라고.

　　A: 行きたくなければ行かなきゃいいだろう、なんで人の目を気にするんだ？
　　B: 気が小さいからか、人の目が気になるの。

★눈치 …「表情、そぶり」の意味もある。"눈치를 보다 (見る)"は「他人の顔色をうかがう」、"눈치가 보이다 (見える)"は「人が自分を嫌っている様子が見える (から気になる)」という意味。

★소심하다 …気が小さい。"소심"は漢字で書くと「小心」。

310 그만 이야기합시다.
クマン イヤギハプシダ

▶もうこの話はやめましょう。

A: 전적으로 저희 잘못입니다. 죄송합니다.
B: 이제 그만 이야기합시다. 다음에 이런 실수를 또 하시면 정말 곤란합니다.

　　A: 全面的に私どもの手違いです。申し訳ありません。
　　B: もうこの話はやめましょう。この次またこんなことがあったら困りますよ。

★전적 …全的。全面的。

★곤란하다 …困る。"곤란"は漢字で書くと「困難」。パッチムのㄴと次のㄹがぶつかり [골라나다] と発音する。

311 분위기 파악 좀 해라.
プンウィギパアク チョム ヘラ

▶少しは空気を読みなよ。

A: 미스김에게 결혼 안 했냐고 물어 봤다가 혼났어.
B: 넌 왜 그렇게 눈치가 없니? 분위기 파악 좀 해라.

　　A: ミスキムに結婚してないのかって聞いたら、ひどい目にあったよ。
　　B: 君はなんでそんなに気が利かないの？ 少しは空気を読みなよ。

★눈치 …気が利くこと。機転。センス。"눈치가 없다"で「機転がきかない」「勘が鈍い」の意味。

★"분위기를 (雰囲気を) 파악하다 (把握する)"で「空気を読む」という意味。

312 이번이 마지막이야.
イボニ　マジマギヤ

▶これで最後だよ。

A : 또 지각했어?
B : 제발 이번 한번만 봐주세요.
A : 알았어. **이번이 마지막이야**. 다음엔 정말 안돼!

　　A：また遅刻？
　　B：お願いだから今回だけは見逃してください。
　　A：わかった。これで最後だよ。次はダメだからね！

★**지각** …遅刻。「早退」は "**조퇴**"。

★**봐 주다** …見逃す。大目に見る。直訳のまま「見てください」の意味でも使われる。
　例) "**왼쪽을 봐 주세요.** (左手をご覧ください)"。

313 조금더 지켜보세요.
チョグムト　チキョボセヨ

▶もう少し見守ってください。

A : 입시가 내년인데 혼자 공부하겠다고 해서 걱정이에요.
B : 너무 염려마시고 **조금 더 지켜보세요**.

　　A：来年入試なのに、塾に行かずに一人で勉強するというので、心配です。
　　B：あまり心配なさらずに、もう少し見守ってください。

★**혼자 공부하다** …(塾や家庭教師を利用せず) 一人で勉強する。

★**염려하다** …心配する。気遣う。"**염려**"は漢字で書くと「念慮」で、[**염녀**] と発音する。

314 푸념만 늘어놓네요.
プニョムマン　ヌロノンネヨ

▶愚痴ばかりですね。

A: 나는 부하 운만 없는 줄 알았는데, 상사 운도 없어.
B: 맨날 **푸념만 늘어놓네요**.

> A: まったく部下が悪いと思ったら、上司運もないよ。
> B: 毎日、愚痴ばかりですね。

★ "**푸념을**(愚痴を) **늘어놓다**(並べ立てる)" で「愚痴を並べる」の意味。

★ "**상사 운**"…上司運。"**부하 운**"は「部下運」。

★ **맨날**…"**매일**(毎日)" の俗語。口語ではこちらを良く使う。

315 잘못했다고 인정해.
チャルモテッタゴ　インジョンヘ

▶間違いを認めなよ。

A: 나 아무것도 안 했어. 저 사람 말을 믿었을 뿐이야.
B: 남자답게 니가 **잘못했다고 인정해**.

> A: 僕は何もしてないよ。あの人の話を信じただけだよ。
> B: 男らしく自分の間違いを認めなよ。

★【語幹+ㄹ/을 뿐】で限定の意味を表す。「〜だけ」「〜のみ」。ここでは "**믿다**(信じる)" の過去形 "**믿었다**" を使って、"**믿었을 뿐**(信じただけ)"。

★【名詞+답다】で「〜らしい」「〜にふさわしい」の意味。ここでは "**남자**(男子)" を使って "**남자답다**(男らしい)"。ほかに "**학생답다**(学生らしい)" など。

316 부끄럽지 않습니까?
ブクロプチ　アンスムニカ

▶恥ずかしくないんですか?

A: 이런 짓을 하다니 **부끄럽지 않습니까**?
B: 정말 엄청나게 후회하고 있습니다. 죄송합니다.

> A: こんなことをするなんて恥ずかしくないんですか?
> B: 本当に大変後悔しています。申し訳ありません。

★【動詞語幹+다니】で不審、驚嘆などの感情を表す。「〜とは、〜なんて」。

★ **엄청나다**…途方もない。どえらい。とんでもない。語幹に "**게**" がつくと、"**엄청나게**(途方もなく)" と、副詞的な意味になる。

317 잔소리 좀 그만하세요.
チャンソリ チョム クマンハセヨ

▶ 小言はやめてください。

A : 너 아직도 건달짓하면서 다니니? 이제 거기서 발 좀 빼고 정신 좀 차려야지.
B : 알았으니까 **잔소리 좀 그만하세요**.

    A : まだやくざな生活しているの？ いい加減足洗ってしっかりしなきゃ。
    B : わかったから、小言はやめてください。

★**건달** …やくざ。ごろつき。

★**짓** …しぐさ、振る舞い、行動、態度など。

★**잔소리** …小言。

318 책임을 져야 할 거야.
チェギムル チョヤ ハル コヤ

▶ 責任とらなきゃ。

A : 여당이 이번 선거에서 참패했네.
B : 여당 총재가 **책임을 져야 할 거야**.

    A : 与党が今回の選挙で惨敗したね。
    B : 与党総裁も責任とらなきゃ。

★**참패** …惨敗。「敗北」なら "**패배**"。

★**지다** …負ける。ほかに「背負う」「かつぐ」の意味もある。"**책임을 지다**" で「責任を負う」。

319 말하기가 좀 거북한데….
マラギガ チョム コプカンデ

▶ ちょっと言いにくいのですが…。

A : 왜 그래? 뭐, 하고 싶은 말이 있어?
B : 이건 좀 **말하기가 거북한데**… 화장실 청소 좀….

    A : どうしたの？ なにか言いたいことでも？
    B : ちょっと言いにくいんだけど…トイレ掃除がちょっと…。

★**거북하다** …気詰まりだ、気まずい。ほかに「窮屈だ」という意味でも使う。例）"**거북한 옷**（窮屈な服）"。

320 그러니까 내가 말했잖아.
クロニカ ネガ マレッチャナ

▶だから言ったじゃない。

A: 이렇게 후회할 줄 알았으면 학생 때 좀 더 공부할 걸 그랬어.
B: 그러니까 내가 말했잖아.

　　A: こんなに後悔するなら学生のときに勉強すればよかった。
　　B: だから、私が言ったじゃない。

★"후회할 줄 알았으면"は「後悔すると分かっていたら」の意味。
★【動詞語幹＋ㄹ/을 걸】で後悔、未練を表す。「～すればよかったのに」の意味。

321 말 안 해주면 모르잖아.
マル アネジュミョン モルジャナ

▶言ってくれなきゃわからないよ。

A: 버섯이 들어 있잖아? 나 버섯 못 먹는 거 몰랐어?
B: 말 안 해주면 모르잖아. 버섯은 빼고 먹어.

　　A: キノコが入ってるじゃん。僕がキノコ食べられないの知らないの？
　　B: 言ってくれなきゃわからないじゃない。キノコは取って食べて。

★버섯 …キノコ。例）"표고버섯（シイタケ）"、"송이버섯（マツタケ）"、"팽나무버섯（エノキダケ）"など。

322 너무 깊이 생각하지 마.
ノム キピ センガカジ マ

▶あまり深く考えないで。

A: 날 또 봤다니…, 그 말이 무슨 뜻인지, 정말 신경 쓰이네.
B: 너무 깊이 생각하지 마. 별 의미는 없을거야.

　　A: また会ったって…。どういう意味だろう。気になるな。
　　B: あまり深く考えるなよ。たいした意味はないと思うよ。

★【動詞語幹＋다니】で不審、驚嘆を表す。「～とは」「～なんて」の意味。"다고 하니"の縮約形。ここでは"보다（会う）"の過去形"봤다"を使って"봤다니（会ったとは）"。
★너무 …あまり。度を越して。

323 근본적으로 해결해야지.

クンボンジョグロ ヘギョレヤジ

CHECK✓

▶**根本的に解決しなきゃ。**

A: 출산보조금을 주면 출산율이 높아질까?

B: 그렇게 해서 해결될 문제가 아니야. **근본적으로 해결해야지.**

　　A：出産補助金を出せば出産率が上がるだろうか？
　　B：それで解決する問題じゃないよ。根本的に解決しなきゃ。

★**출산율** …出産率。[출산뉼]と発音する。

★**근본적** …根本的。

★【語幹＋아/어야지】で「～すべきだ」「～しなけりゃ」。"**아/어야 하지**"の縮約形。ここでは"**해결하다**(解決する)"を使って"**해결해야지**(解決しなきゃ)"。

324 누구한테도 말하면 안돼.

ヌグハンテド マルハミョン アンデ

CHECK✓

▶**誰にも言っちゃだめだよ。**

A: **누구한테도 말하면 안돼.** 알았어?

B: 뭐, 어제 친구한테 말해 버렸는데, 어떡하지?

　　A：誰にも言っちゃだめだよ。わかった？
　　B：昨日、友達に言っちゃったけど、どうしよう？

★**한테** …人を表す名詞について、動作の対象を表す助詞。「～に」「～へ」。"**에게**"よりも口語的。

★**어떡하다** …どうする。"**어떻게 하다**"の縮約形。

325 너를 위해서 그러는 거야.

ノルル ウィヘソ クロヌンゴヤ

CHECK✓

▶**君のために言っているんだよ。**

A: 요즘 엄마 잔소리때문에 죽겠어.

B: 다 **너를 위해서 그러는 거야.** 말씀 잘 들어라.

　　A：最近、お母さんの小言がうるさくて。
　　B：君のために言っているんだよ。ちゃんと聞きな。

★【名詞＋때문에】で「～のせいで」「～のために」の意味。"**잔소리때문에 죽겠어**"は直訳すると「小言のせいで死にそう」。

CHAPTER 6　123

326 그만두는 게 좋지 않을까요?
クマン トゥヌン ゲ チョッチ アヌルカヨ

▶もうやめたほうがよくないですか？

A: 너무 문제가 많은데 **그만두는 게 좋지 않을까요?**
B: 일단 시작했으니까 끝까지 해볼게요.

A: とても問題が多いから、もうやめたほうがよくないですか？
B: 一度始めたことだから、やり遂げてみます。

★ "**끝까지 해볼게요**" は直訳すると「最後までやってみます」。

327 쓸데 없는 말은 안 하는 게 좋아.
スルテ オンヌン マルン アナヌンゲ チョア

▶余計なことは言わない方がいいよ。

A: 저 사람은 입이 가벼우니까 조심해.
B: 그래요? 그렇게 안 보이는데요.
A: 하여튼 **쓸데 없는 말은 안 하는 게 좋아.**

A: あの人は口が軽いから、気をつけな。
B: そうですか？ そうは見えないけれど。
A: とにかく、余計なことは言わない方がいいよ。

★**하여튼** …とにかく。いずれにせよ。

★**쓸데** …使いどころ。使い道。"**쓸데 없다**"で「役に立たない」「無用だ」。

124　CHAPTER 6

CHAPTER 7

恋愛 フレーズ

愛の告白も、別れのセリフも、このチャプターで学べます。
友達との恋愛トークのときに使える表現も。

328 차였어.
チャヨッソ

▶振られたよ。

A : 나 여자친구한테 **차였어**.
B : 사귄지 일주일도 안 된 것 같은데, 벌써?

　　A : ガールフレンドに振られたよ。
　　B : 付き合って一週間も経ってないのに、もう？

★【動詞語幹＋ㄴ/은지】で、「〜してから」「〜して以来」の意味。ここでは "**사귀다** (つきあう)" を使って "**사귄지** (つきあってから)"。

★【名詞＋가/이 되다】で、「〜になる」の意味。ここでは、"**일주일도** (一週間にも) **안 되다** (ならない)" と否定形になっている。

329 자기야,
チャギヤ

▶ねえ、

A : **자기야**, 이거 먹어 봐. 내가 만들었어.
B : 와! 정말 맛있다. 끝내준다.

　　A : ねえ、これ食べてみて。私が作ったの。
　　B : わぁ！ すごくおいしい。最高だよ。

★**자기** …本来の意味は、自分自身。漢字で書くと「自己」。主に恋人、夫婦の間で、「あなた、お前、君」の意味で呼びかけの "**야**" をつけて使う。

★**끝내주다** …すごい。最高だ。

330 결혼하자.
キョロナジャ

▶結婚しよう。

A : 나랑 **결혼하자**. 내가 행복하게 해줄게.
B : 그 마음 변하면 안돼.

　　A : 僕と結婚しよう。僕が幸せにするよ。
　　B : その言葉、忘れないでね。

★【語幹＋게】で、次に来る用言の内容、目的を限定する。「〜ように」の意味。ここでは "**행복하다** (幸せだ)" を使って "**행복하게 (하다)**"「幸せに (する)」。

★"**그 마음 변하면 안돼**" は直訳すると「その心、変わってはならない」。

CHAPTER 7

331 왠지 끌려.
ウェンジ クルリョ

▶なぜか惹かれるの。

A: 그 사람의 어디가 좋아서 그래?
B: 평범한 사람이지만 **왠지 끌려**.

    A: あの人のどこが気に入っているの？
    B: 平凡な人だけど、なぜか惹かれるの。

★【指定詞語幹＋ㄴ지】で間接疑問を表す。「〜か」「〜なのか」の意味。"**왠지**"は"**왜인지**(なぜなのか)"の縮約形。

★**끌리다** …(心が) ひきつけられる。

332 고백했는데.
コベケンヌンデ

▶告白したんだけど。

A: 나 그 오빠한테 **고백했는데**.
B: 그래서 어떻게 됐어?
A: 좋아하는 사람이 있대.

    A: 好きな人に告白したんだけど。
    B: それで、どうだった？
    A: 好きな人がいるんだって。

★**오빠** …妹が兄に対して呼ぶ語だが、一般的に女性が親しい年上男性に対しても使う。

★【動詞語幹＋는데】で、前置きや逆接を表す。「〜だから」「〜だが」の意味。ここでは"**고백하다**(告白する)"の過去形"**고백했다**"を使って"**고백했는데**(告白したのだが)"。

333 쑥스럽구만.
スクスロプクマン

▶恥ずかしいよ。

A: 이제 우린 부부니까 "여보"라고 불러 봐.
B: 아, **쑥스럽구만**. 천천히 부를게.

　A: 夫婦になったんだから「おまえ」って呼んでよ。
　B: ええ、恥ずかしいな。そのうち呼ぶよ。

★**여보** …夫婦間でお互いを呼び合うときの、「あなた、おまえ、おい」などに当たる。

★【形容詞語幹＋**구먼**】で感嘆を表す。「〜だな」「〜だよ」の意味。本来は"**구먼**"だが"**구만**"と書かれることが多い。

★"**천천히 부를게**"は直訳すると「ゆっくり呼ぶよ」。

334 짝사랑이야.
チャクサランイヤ

▶片思いなの。

A: 요즘 그 사람하고 잘돼 가?
B: 아니, **짝사랑이야**.

　A: 最近、あの人とうまくいってる？
　B: ううん、片思いなの。

★**짝사랑** …片思い。"**짝**"は対のものの片方という意味。例)"**짝이 되다**（ペアになる）"。

335 보고 싶었어.
ポゴシポッソ

▶会いたかった。

A: 이게 며칠만이야? 그동안 보고 싶어서 죽는 줄 알았어.
B: 정말 나도 너무 **보고 싶었어**.

　A: いったい何日ぶりだろう？ ずっと会いたくてたまらなかったよ。
　B: 本当に私もとても会いたかった。

★**만** …時間を表す名詞について、「〜ぶり」「〜たった後」の意味。ここでは"**며칠**（何日）"を使って、"**며칠만**（何日ぶり）"。

★"**죽는 줄 알았어**"は直訳すると「死ぬかと思った」。

336 우리 사귈까?
ウリ　サグィルッカ

▶付き合おうか？

A: 궁합이 잘 맞네. **우리 사귈까?**
B: 점쟁이말을 정말 믿니? 우린 그냥 친구야. 착각하지 마.

> A: 相性がいいね。付き合おうか？
> B: 占い師の言葉を信じるの？ 私たちはただの友達よ。勘違いしないで。

★**궁합** …相性。男女の四柱（生まれた年月日時）を五行（木・火・土・金・水）にあてて相性を占う。漢字で書くと「宮合」。例）"**궁합을 보다.**（相性を見る）"。

★**점쟁이** …占い師。"**점**"は「占い」。"**쟁이**"は人の性質や行動等を表す言葉で、少し軽蔑が含まれる場合もある。例）"**거짓말쟁이**（嘘つき）"。

337 어디가 좋아?
オディガ　チョア

▶どこがいいの？

A: 그 친구는 성격이 까다로운데, **어디가 좋아?**
B: 물론 그런 면도 있지만 묘한 매력이 있어.

> A: あの人って気難しいのに、どこがいいの？
> B: もちろん、そういう面もあるけど、妙な魅力があるの。

★**까다롭다** …ややこしい。厳しい。気難しい。扱いにくい。
★**묘하다** …妙だ、変だ、おかしい。"**묘**"は漢字で書くと「妙」。

338 꼭 안아 줄게.
コッ　アナ　チュルケ

▶ぎゅってしてあげる。

A: 너무 춥다.
B: 이리 와. 내가 **꼭 안아 줄게.**

> A: すごく寒い。
> B: こっちにおいで。ぎゅっと抱きしめてあげる。

★**이리** …こっちへ。こちらへ。
★**꼭** …ここでは「しっかり、ぎゅっと」の意味。ほかに「必ず、きっと」「ぴったり、ちょうど」などの意味でも使われる。

CHAPTER 7　129

339 내 마음 알지?
ネ　マウム　アルジ

▶俺の気持ちわかるだろ？

A : 사랑하니까 질투도 하지. **내 마음 알지**?
B : 알아. 하지만, 너무 예민한 거 아니야?

    A : 愛しているから嫉妬もするんだよ。俺の気持ちわかるだろ？
    B : わかるけど、気にしすぎじゃない？

★**예민하다** …敏感だ。"**예민**"は漢字で書くと「鋭敏」。"**너무 예민한 거 아니야?**"は直訳すると「あまりに敏感じゃないか？」。

340 샘 내는 거야?
セム　ネヌン　コヤ

▶うらやましいの？

A : 저 두 사람 이런데까지 와서 뽀뽀하나?
B : 지금 **샘 내는 거야**? 우리도 해볼래?

    A : あの二人、なんでこんなところでキスしてるのかな？
    B : うらやましいの？ 僕たちもしてみる？

★**뽀뽀** …幼児語で、キス。チュー。
★**샘** …嫉妬。妬み。負けん気。"**샘을 내다**"で「妬む、うらやむ」。

341 다시 시작하자.
タシ　シジャカジャ

▶やり直そう。

A : 내가 잘못했어. 우리 **다시 시작하자**.
B : 이제 널 더 이상 믿을 수가 없어. 미안해.

    A : 私が悪かった。やり直そう。
    B : もう君を信じられない。ごめん。

★**시작하다** …始める。"**시작**"は漢字で書くと「始作」。"**다시**(再び) **시작하다**(始める)"で「やり直す」。
★【語幹＋ㄹ/을 수 없다】で不可能をあらわす。ここでは"**믿다**(信じる)"を使って"**믿을 수가 없다**(信じられない)"で、"**가**"を添えて強調している。

342 첫눈에 반했어.
チョン ヌネ パネッソ
▶一目ぼれしたんだ。

A: 나 우리 반 여자애한테 **첫 눈에 반했어**.
B: 이름 뭐야? 내가 도와줄게.

A: 同じクラスの女の子に一目ぼれしたんだ。
B: 名前は？ 協力するよ。

★ "**첫눈에** (一目で) **반하다** (ほれる)"で、「一目ぼれする」。"**첫눈에**"は鼻音化するので [천누네]と発音する。

★ "**내가** (私が) **도와줄게** (手伝うよ)"を「協力するよ」と意訳。

343 아직도 화났어?
アジクト ファナッソ
▶まだ怒ってる？

A: 의심해서 미안해. **아직도 화났어**?
B: 괜찮아. 의심이 풀려서 다행이야.

A: 疑ってごめん。まだ怒ってる？
B: いいんだ。疑いが晴れてよかったよ。

★ **의심하다** …疑う。"**의심**"は漢字で書くと「疑心」。"**의심이** (疑いが) **풀리다** (解ける)"で「疑いが晴れる」。

★ "**아직도 화났어?**"は直訳すると「まだ怒ったか？」と過去形だが、「怒っている？」と現在の意味で使われる。

344 사랑해서 그래.
サランヘソ クレ
▶愛してるからでしょう。

A: 요즘 남친이 간섭이 너무 심해서 못 살겠어.
B: 너를 **사랑해서 그래**. 그 정도는 참아.

A: 最近、彼の干渉がひどくて、やってられない。
B: あなたを愛してるからでしょう。そのくらい我慢しなよ。

★ "**못** (不可能) **살다** (生きる)"で、「やりきれない」「わずらわしい」「我慢ならない」の意味。

345 질투하는 거야?
チルトゥハヌン　コヤ

▶焼きもちやいてるの？

A: 또 민아씨를 만났어?
B: 왜 **질투하는 거야?**
A: 아무리 대학 후배라고해도 너무 자주 만나는 건 아냐?

 A: またミナさんと会ってたの？
 B: あれ、焼きもちやいてるの？
 A: いくら大学の後輩だからって、頻繁すぎない？

★ "왜"は「なぜ」の疑問詞だが、「おや」「えっ」「どうしたんだ」などの意味で、感嘆詞としても使われる。

★【動詞語幹＋는 것이다】で断定・確信を表す。「〜のだ」「〜である」。ここでは "질투하다 (嫉妬する)" を使い、疑問文で "질투하는 것이야? (嫉妬するのか?)"。

346 바람 안 피웠어.
バラム　アン　ピウォッソ

▶浮気してない。

A: 너 다른 여자랑 손 잡고 가는거 친구가 다 봤대. 나 몰래 바람 피웠지?
B: 내 말 안 믿고 친구말을 믿냐? 나 진짜 **바람 안 피웠어.**

 A: あなたがほかの女と手をつないでいるところを、友達が見たって。こっそり浮気してるんでしょ？
 B: 僕の言葉より友達の言うことを信じるの？ 本当に浮気してないよ。

★ 몰래 …こっそり。ひそかに。

★ 바람 (을) 피우다 …浮気をする。"바람"は「風」の意味で使われることが多いが、「浮気心」「ブーム」「うそ」「成り行き」などの意味もある。

347 가슴이 두근거려.
カスミ トゥグンゴリョ

CHECK✓

▶胸がきゅんとする。

A : 그 사람만 보면 **가슴이 두근거려**.
B : 사랑에 빠졌나 보네.

A : あの人の姿を見るだけで胸がきゅんとするの。
B : 恋してるみたいだね。

★**가슴이 두근거리다** …胸がどきどきする。日本語の「胸きゅん」の意味で使われる。ほかに、"**벅차오르다**" "**가슴이 찡하다**" なども同じ意味。

348 장거리 연애라서.
チャンゴリ ヨネラソ

CHECK✓

▶遠距離恋愛なので。

A : 주말에 야유회 가는데, 너는 데이트하니까 못 가지?
B : 저도 갈 수 있어요. 우리는 **장거리 연애라서**. 매주 못 만나거든요.

A : 週末、みんなで遊びに行くけど、君はデートだから行けないよね?
B : 私も行けます。彼とは遠距離恋愛なので。毎週は会えないから。

★**야유회** …漢字で「野遊会」。イメージとして「ピクニック」。

★**장거리 연애** …遠距離恋愛。漢字で「長距離恋愛」。

349 어떻게 만났어요?
オットケ マンナッソヨ

CHECK✓

▶どうやって知り合ったの?

A : 엄마! 아빠랑 **어떻게 만났어요**?
B : 응, 수학 여행갔을 때 기차에서 만났어.

A : ママ! パパとどうやって知り合ったの?
B : そうね、修学旅行に行くときの汽車で出会ったのよ。

★"**어떻게 (どうやって) 만났어요? (会いましたか?)**" は、男女の馴れ初めや、知り合ったきっかけを聞くフレーズ。

★**수학 여행** …修学旅行。[**수항 녀행**] と発音する。

350 행복하게 해줄게.
ヘンボッカゲ　ヘジュルケ

▶ 幸せにするよ。

A : 내가 평생 당신을 **행복하게 해줄게.**
B : 지금 그거 나한테 청혼하는 거예요?

　A : 僕が一生君を幸せにするよ。
　B : それって、私にプロポーズしてるんですか？

★ **평생** …一生。漢字で書くと「平生」。
★ **청혼** …プロポーズ。漢字で書くと「請婚」。

351 헤어지기 싫은데.
ヘオジギ　シルンデ

▶ 離れたくないな。

A : 벌써 가야 돼? **헤어지기 싫은데.**
B : 다음 주쯤에는 휴가 낼 수 있을 거야. 내가 시간 봐서 전화할게.

　A : もう帰るの？ 離れたくないな。
　B : 今週末には休みをとれると思う。あとで時間をみつけて電話するよ。

★ **휴가** …休み。漢字で「休暇」。"**휴가를 (休暇を) 내다 (出す)**"で「休みをとる」。

352 널 지켜 주고 싶어.
ノル　チキョ　チュゴ　シポ

▶ 君を守りたい。

A : 너 나한테 관심이 있어?
B : **널 지켜 주고 싶어.** 진심이야.

　A : ねえ、私に興味あるの？
　B : 君を守りたいんだ。本気だよ。

★ **관심** …心ひかれること。関心。
★ **진심** …真心。誠意。本気。

353 사이 좋게 지내자.
サイ チョケ チネジャ
▶仲良くしよう。

A : 우리 더 이상 토닥거리지 말고 **사이좋게 지내자**.
B : 그래, 모처럼 휴가내서 여행왔는데.

　　A : もうけんかするのはやめて、仲良くしようよ。
　　B : うん。せっかく休みとって旅行にきたんだし。

★**톡닥거리다** …軽くとんとん叩く。転じて、叩き合ったり言い合いをしたりすることを意味し、子供同士や恋人同士の軽いけんかのことを表す。

354 우리 그만 만나자.
ウリ クマン マンナジャ
▶もう会うのをやめよう。

A : 우리 그만 만나자.
B : 난 너 없으면 안돼. 떠나지 마.

　　A : もう会うのをやめよう。
　　B : 君がいないとだめなんだ。行くなよ。

★**그만** …それくらいに〜する。それくらいで〜やめる。ここでは "**만나다**（会う）" を使って "**그만 만나다**（もう会うのをやめる）"。

★**떠나다** …（他の場所へ）発つ。（関係を）絶つ。離れる。

355 좋은 추억이 됐어.
チョウン チュオギ テッソ
▶いい思い出になった。

A : 지난 여름에 전 남친하고 헤어져서 너무 힘들었는데.
B : 이젠 괜찮아?
A : 시간이 지나니까 다 **좋은 추억이 됐어**.

　　A : 去年の夏は元彼と別れてつらかった。
　　B : 今は平気？
　　A : 時間が過ぎたらみんないい思い出になった。

★**전 남친** …"**전**（前）**남친**（**남자친구**／ボーイフレンド）" で「元彼」。

356 나랑 데이트할래?
ナラン テイトゥ ハルレ
▶僕とデートしない？

A: 내일 크리스마스인데 같이 보낼 사람이 없어.
B: 그럼, **나랑 데이트할래**?

> A: 明日はクリスマスなのに、一緒に過ごす人がいない。
> B: じゃあ、僕とデートしない？

★**랑** …動作の相手を表す。「〜と」の意味。ここでは"**나랑**（僕と）"。パッチムのある名詞には"**이랑**"がつく。口語的な表現。同じ意味で"**하고**"や"**와/과**"も使われる。

357 어떤 남자가 좋아?
オットン ナムジャガ チョア
▶どんな男がいい？

A: 너도 이제 결혼해야지. 소개시켜줄게. **어떤 남자가 좋아**?
B: 난 그냥 착한 사람이면 돼. 근데 경상도 남자는 우리 부모님이 반대하셔.

> A: 君もそろそろ結婚しなきゃ。紹介してやるよ。どんな男がいい？
> B: まじめな人ならいいよ。でも、慶尚道の人は親が反対するの。

★韓国では古くから「地域感情」の解消が課題であり、三国時代にまで遡るとも言われている。特に慶尚道と全羅道の反目はよく問題になる。

358 우리가 잘 어울릴까?
ウリガ チャル オウルリルッカ
▶僕たち、お似合いかな？

A: 우리가 잘 어울릴까?
B: 왜? 남들이 어떻게 보는지 궁금해?

> A: 僕たち、お似合いかな？
> B: なんで？ 他人にどう見られているか気になるの？

★"**남들이 어떻게 보는지**"は直訳すると「人々がどのように見ているか」。

359 니 손 꼭 잡아 줄게.
ニ ソン コッ チャバ チュルケ

▶君の手を握ってるよ。

A : 당신이 없으면 왠지 불안해.
B : 이제부터는 내가 이렇게 **니 손 꼭 잡아 줄게.**

    A : あなたがいないと、なんだか不安なの。
    B : これからは僕がこうやって君の手を握っているよ。

★ "**왠지**" は "**왜인지**" の縮約形。
★ "**손을** (手を) **잡자** (つかむ)" で「手をつなぐ」の意味。

360 왜 나랑 결혼 못해?
ウェ ナラン キョロン モテ

▶どうして僕と結婚できないの？

A : **왜 나랑 결혼 못해?**
B : 점쟁이가 우리는 궁합이 안 맞는대.

    A : どうして僕と結婚できないの？
    B : 占い師が私たちの相性がよくないって言うから。

★【動詞語幹＋ㄴ/는다니까】で「〜と言うから」の意味。"**다고 하니까**" の縮約形。ここでは "**맞다**（合う）" を使って "**안 맞는다고 하니까**（合わないと言うから）"。

361 그래서 헤어졌구나.
クレソ ヘオジョックナ

▶それで別れたんだね。

A : 그 사람은 술만 마시면 부인한테 폭력을 휘두른대요.
B : **그래서 헤어졌구나.**

    A : あの人、お酒を飲むと奥さんに暴力振るうんだって。
    B : それで別れたんだね。

★ **휘두르다** …(物を)振り回す。(力や熱弁など)振るう。
★【過去形語幹＋구나】で、詠嘆を表す。「〜だね」「〜だな」。ここでは "**헤어지다**（別れる）" の過去形 "**헤어졌다**" を使って "**헤어졌구나**（別れたんだね）"。

CHAPTER 7

362 내가 속이 좁은 건가?
ネガ ソギ チョブンゴンガ
▶私の心が狭いのかな？

A：남자친구가 회사일로 여자를 만나는데, 그게 신경이 쓰여요. **내가 속이 좁은 건가?**
B：남자친구를 너무 사랑하나 봐요.

　　A：彼が仕事で女の子に会うと、妙に気になるの。私の心が狭いのかな？
　　B：彼をとても愛しているんでしょう。

★ "**신경이** (神経が) **쓰이다** (使われる)" で「気になる」の意味。
★ "**속이** (中が) **좁다** (狭い)" で「心が狭い」の意味。

363 부디 좋은 사람 만나.
ブディ チョウン サラム マンナ
▶いい人に出会えるといいね。

A：도장 찍었으니까 우린 이제 남남이야.
B：그동안 잘 해주지 못 해서 미안하다. **부디 좋은 사람 만나.**

　　A：判子を押したんだから、もう他人同士だね。
　　B：これまで優しくできなくてごめん。いい人に出会えるといいね。

★ "**도장을** (判子を) **찍다** (つく)" で、離婚届に判子を押すという意味を持つ。
★ **남남** …何の関係もない他人同士。
★ "**잘** (よく) **해** (して) **주다** (あげる)" を「優しくしてあげる」と意訳。

364 어떻게 전해야 할까?
オットケ チョネヤ ハルッカ
▶どうやって伝えればいいかな？

A：내 마음을 **어떻게 전해야 할까?**
B：발렌타인데이에 초콜릿을 보내보면 어때?

　　A：私の気持ちをどうやって伝えればいいかな？
　　B：バレンタインデーにチョコレートを送ったらどう？

★ **발렌타인데이** …バレンタインデー。イベント好きな韓国では、チョコレートを販売する店が一気に増え、街中がバレンタインモードに。バスケットにチョコレートをたくさん詰めて、華やかにラッピングして贈るのが定番。

365 양다리 걸친거잖아?
ヤンダリ コルチンゴジャナ

▶二股かけてるんじゃない？

A: 남친이 나 말고도 만나는 여자가 있나 봐. 아이, 속상해.
B: 그럼, **양다리 걸친거잖아**? 나쁜 사람이네.

　　A: 彼が私のほかにも彼女がいるみたい。もう、悔しくて。
　　B: じゃあ、二股かけてるんじゃない？ 悪い奴だな！

★**양다리** …"**양**(両) **다리**(脚)"で、「二股」の意味。"**양다리를**(両脚を) **걸치다**(かける)"で「二股をかける」。

---

366 우리 그만 화해하자.
ウリ クマン ファヘハジャ

▶もう仲直りしよう。

A: 미안해. 내가 속이 좁았던 것 같다. 이제 **우리 그만 화해하자**.
B: 그래. 나도 화낸 거 미안했어.

　　A: ごめん。私の心が狭かった。もう仲直りしよう。
　　B: そうだね。僕も怒って悪かった。

★**속** …中。内。ほかに「腹、心の中、胸中」などの意味もある。"**속이**(心が) **좁다**(狭い)"で「心が狭い」の意味。
★**화해하다** …仲直りする。"**화해**"は漢字で書くと「和解」。

---

367 남 주기 아까워지네.
ナム チュギ アッカウォジネ

▶ほかのヤツに譲るのが惜しくなるな。

A: **남 주기 아까워지네**.
B: 뭐야, 싫다고 찼으면서. "놓친 고기가 더 커 보인다"는 거야?

　　A: ほかのヤツに譲るのが惜しくなるな。
　　B: ええっ、自分で振ったくせに。「逃したサカナは大きく見える」ってこと？

★"**아까워지다**"は、"**아깝다**(惜しい)"に、状態の変化を表す"**지다**"がついた形。
★【語幹＋(으)면서】で、逆接を表す。「〜のに」「〜でありながら」の意味。ここでは"**차다**(振る)"の過去形"**찼다**"を使って"**찼으면서**(振ったのに)"。

368 오해를 풀어야 겠어.
オヘルル プロヤ ゲッソ

▶誤解を解かなきゃ。

A: 그 사람은 너를 독신인 줄 알고 있나 봐.
B: 그래서 자주 전화를 하는구나. **오해를 풀어야 겠어.**

　A: あの人はあなたが独身だと思っているみたい。
　B: だからよく電話がかかってくるんだ。誤解を解かなきゃ。

★독신 …独身。「既婚」は "**기혼**"、「既婚者」は "**기혼자**"。
★【指定詞＋ㄴ 줄 알다】で「～だと思う」の意味。

369 집까지 데려다 줄래?
チプッカジ テリョダ チュルレ

▶家まで送ってくれる?

A: 집까지 데려다 줄래?
B: 그럼! 내가 해줄 수 있는 일은 그것뿐인데.

　A: 家まで送ってくれる？
　B: もちろん！ 僕にできることっていったらそれだけだから。

★【動詞語幹＋아/어】で、「～して」「～してから」の意味。ここでは "**데리다** (連れる)" を使って、"**데리다** (連れて)"、さらに "**주다**" がついて "**데려다 주다** (連れてくれる)"。「送ってくれる」の意味で使われる。

370 항상 니 곁에 있잖아.
ハンサン ニ キョテ イッチャナ

▶いつも君のそばにいるだろ。

A: 가끔 당신이 멀게 느껴져.
B: 무슨 말이야? **항상 니 곁에 있잖아.**

　A: ときどき、あなたのことが遠くに感じられるの。
　B: 何を言ってるんだよ？ いつも君のそばにいるじゃないか。

★【動詞語幹＋아/어 지다】で、他動詞の受身形を作る。"**느끼다** (感じる)" を使って "**느껴지다** (感じられる)"。
★무슨 …「何の」「どんな」の疑問詞だが、意外であることを強調する「何という」「何たる」の意味でも使われる。

CHAPTER 7

371 너무 성급한 것 아니야?
ノム ソングパン コッ アニヤ

▶気が早すぎるんじゃない？

A : 우리 결혼하자. 나 항상 니 옆에 있고 싶어.
B : 우린 사귄 지 얼마 안 됐는데 **너무 급한 것 아니야**?

  A：結婚しよう。いつも君のそばにいたいんだ。
  B：付き合って日も浅いのに、気が早すぎるんじゃない？

★**얼마** …「いくら」「どのくらい」のほかに、「少し」「わずか」の意味でも使われる。ここでは"**얼마**（いくらにも）**안되다**（ならない）"で、「日も浅い」の意味。

★**성급하다** …短気だ。気が早い。せっかち。"**성급**"は漢字で書くと「性急」。

372 오늘이 무슨 날인지 알아?
オヌリ ムスン ナリンジ アラ

▶今日、何の日かわかる？

A : 오늘이 무슨 날인지 알아?
B : 물론이지. 우리가 사귄 지 백일이 된 날이잖아. 눈 감아봐.

  A：今日、何の日かわかる？
  B：もちろん。付き合って100日目の日だろ。目を閉じてごらん。

★韓国では恋人同士の間で、たくさんの記念日を祝う。特に「100日記念」はプレゼントをしたり、特別なイベントを考えたり、大掛かりに祝うことが多い。

373 언제까지라도 기다릴게.
オンジェッカジラド キダリルケ

▶いつまででも待ってるよ。

A : 미안. 아직 결혼은 못해. 꿈을 포기할 수가 없어.
B : 그래도 내 마음은 변함 없어. **언제까지라도 기다릴게**.

  A：ごめん。まだ結婚できないよ。夢をあきらめられないんだ。
  B：それでも私の気持ちは変わらない。いつまででも待ってる。

★**포기하다** …あきらめる。

★**변함** …変わること。変化。"**변하다**（変わる）"の名詞形。

374 이렇게 널 사랑하는데.
イロケ　ノル　サランハヌンデ

▶こんなに愛してるのに。

A : 너하고는 행복해질 수 없을 것 같아.
B : 왜? 난 **이렇게 널 사랑하는데**.

　　A : あなたとじゃ、幸せになれないと思う。
　　B : なんで？ 僕はこんなに愛してるのに。

★ "**행복하다**(幸せだ)"に状態の変化を表す"**지다**"がついて"**행복해지다**(幸せになる)"。

375 난 항상 자기만 생각해.
ナン　ハンサン　チャギマン　センガケ

▶いつもあなたのことだけ考えてる。

A : 난 항상 자기만 생각해.
B : 나도 마찬가지야. 보고 싶어서 죽을 것 같다.

　　A : いつもあなたのことばかり考えてる。
　　B : 僕も同じだよ。めちゃめちゃ会いたいよ。

★ "**죽다**(死ぬ)"は、強調の意味でよく使われる。"**죽을 것 같아**"は直訳すると「死にそうだ」。

376 나 좋아하는 사람 있어.
ナ　チョアハヌン　サラム　イッソ

▶好きな人がいるの。

A : 오늘 미팅하는데 같이 안 갈래?
B : **나 좋아하는 사람 있어**. 지금 다른 남자는 눈에도 안 들어와.

　　A : 今日、合コンするけど、一緒に行かない？
　　B : 好きな人がいるの。今、ほかの男は目に入らないんだ。

★ **미팅** …主に学生たちの合コン。

★【語幹＋ㄹ/을래】で、相手の意思を問う。「〜する？」の意味。ここでは否定形 "**안 가다**(行かない)"を使って"**안 갈래?**(行かない？)"。

CHAPTER 7

377 부부싸움은 칼로 물 베기.
プブサウムン　カルロ　ムル　ベギ

▶夫婦げんかは仲がいい証拠。

A：요즘 남편하고 자주 싸워요.
B：**부부싸움은 칼로 물 베기**라고 하잖아. 걱정하지 마.

　　A：最近夫としょっちゅうけんかするんです。
　　B：夫婦げんかは仲がいい証拠っていうじゃないか。心配するな。

★ "**칼로 물 베기**" は直訳すると「刀で水を切る」。けんかをしてもすぐ仲直りすることのたとえ。

378 같이 있기만 해도 행복해.
カチ　イッキマネド　ヘンボケ

▶一緒にいるだけで幸せ。

A：사랑한다. 내 맘 알지?
B：나도. **같이 있기만 해도 행복해**, 정말.

　　A：愛してる。僕の気持ちわかるだろ？
　　B：私も。ほんと、一緒にいるだけで幸せ。

★ "**있기**（いること）**만**（だけ）**해도**（しても）" で「いるだけで」と意訳。
★ **행복하다** …幸せだ。"**행복**" は漢字で書くと「幸福」。激音化が起こるので［**행보카다**］と発音する。

379 아직 허락을 받지 못했어.
アジク　ホラグル　パッチ　モテッソ

▶まだ許してもらってないの。

A：부모님께 인사드리고 싶은데.
B：실은 **아직 허락을 받지 못했어**.

　　A：ご両親にご挨拶したいんだけど。
　　B：実はまだ許してもらってないの。

★ **께** …動作、作用の及ぶ相手を表す助詞 "**에게**" の尊敬語。
★ **허락** …承諾。許し。漢字で書くと「許諾」。"**허락을 받다**" で「許しを得る」。

380 행복한 가정을 꾸려야지.
ヘンボカン　カジョンウル　クリョヤジ
▶幸せな家庭を作らないと。

A: 자네도 이제 **행복한 가정을 꾸려야지**.
B: 네, 빨리 결혼하고 싶은데, 좋은 사람이 없네요.

　　A: 君もそろそろ幸せな家庭を作らないと。
　　B: はい。早く結婚したいのですが、いい人がいなくて。

★**자네** …目下の相手を指す。君。お前。
★**꾸리다** …(荷を)くくる。(暮らしを)立てる。(部屋などを)整える。

381 나랑 헤어지겠다는 거야?
ナラン　ヘオジゲッタヌン　コヤ
▶俺と別れたいのか？

A: 정말 **나랑 헤어지겠다는 거야**?
B: 그래. 이젠 더 이상 널 믿을 수가 없어.

　　A: 本当に俺と別れたいのか？
　　B: そうよ。もうこれ以上あなたを信じられないの。

★**이제** …もう。すでに。ほかに「今」「もうすぐ」の意味でも使われる。"**이젠**"は"**이제는**"の縮約形。

382 저랑 결혼해 주시겠어요?
チョラン　キョロネ　チュシゲッソヨ
▶私と結婚してくださいますか？

A: **저랑 결혼해 주시겠어요**?
B: 그 말을 기다리고 있었어요.

　　A: 私と結婚してくださいますか？
　　B: その言葉を待っていたんです。

★"**결혼해 주시겠어요?**"は非常に丁寧な言い方。「結婚してくれる?」なら"**결혼해줄래?**"、「結婚しよう」は"**결혼하자**"。

144　CHAPTER 7

383 나한테 뭐 숨기는 거 있어?
ナハンテ ムォ スムギヌン コ イッソ

▶私に何か隠し事があるの？

A: 나한테 뭐 숨기는 거 있어?
B: 어차피 알게 될 테니까 지금 말할게.

　　A: 私に何か隠し事があるの？
　　B: いずれにしろわかることだから、今、言うよ。

★**어차피** …どうせ。いずれにしても。どのみち。

★【動詞語幹＋**게 되다**】で「〜するようになる」「〜し始める」の意味。ここでは"**알다**"を使って"**알게 되다**(知るようになる)"。

384 왜 나를 힘들게 하는 거예요?
ウェ ナルル ヒムドゥルゲ ハヌン コエヨ

▶何で私をいじめるんですか？

A: 왜 나를 힘들게 하는 거예요?
B: 나도 내가 왜 마음에도 없는 말만 하는지 모르겠어.

　　A: 何で私をいじめるんですか？
　　B: 自分でも何で心にもないことばかり言うのかわからない…。

★"**힘들게**(つらく)**하다**(する)"で「いじめる」「つらくあたる」という意味。

385 인기가 많아서 좀 걱정이야.
インキガ マナソ チョム コクチョンイヤ

▶もてるから心配なの。

A: 니 남자친구 멋있다.
B: 여자들한테 **인기가 많아서 좀 걱정이야.**

　　A: 君の彼氏、格好いいね。
　　B: 女の子にもてるから心配なの。

★**멋** …粋。洗練されていること。趣。"**멋이**(粋が)**있다**(ある)"で「格好いい」「いかす」の意味。

★"**인기가**(人気が)**많다**(多い)"で「もてる」と意訳。

CHAPTER 7　145

386 삼각관계에 빠졌다는 말이야?
サムガククァンゲエ　パジョッタヌン　マリヤ
▶三角関係ってこと？

A: 내 남친한테 우리동아리 후배가 고백했대.
B: 삼각관계에 빠졌다는 말이야?

A: 私の彼にサークルの後輩が告白したって。
B: あなたたち三角関係ってこと？

★삼각관계 …三角関係。"삼각관계에 빠지다"で「三角関係に陥る」。

387 사랑하는 사람은 너 밖에 없어.
サランハヌン　サラムン　ノパッケ　オプソ
▶愛しているのは君だけだよ。

A: 오빠는 여친이 많잖아.
B: 내가 사랑하는 사람은 너 밖에 없어.

A: 先輩はガールフレンドがたくさんいるじゃない。
B: 僕が愛してるのは君だけだよ。

★오빠 …女性から見た「兄」。実際の兄弟関係がなくても、女性が親しい年上男性を呼ぶ時に使う。男性が年上男性を呼ぶときには "형" を使う。

CHAPTER 8

ビジネスフレーズ

ビジネスシーンやフォーマルな場面で
使えそうな表現を集めました。
覚えておくと便利な、丁寧なニュアンスの表現も入っています。

388 괜찮습니다.
ケンチャンスムニダ
▶大丈夫です。

A: 택시를 불러 드릴까요?
B: **괜찮습니다**. 역까지 걸어가겠습니다.

　　A: タクシーを呼びましょうか？
　　B: 大丈夫です。駅まで歩いていきます。

★【動詞語幹＋아/어 드리다】で「〜て差し上げる」の意味。"**드리다**"は"**주다**"の謙譲語。"**부르다**(呼ぶ)"は르変則活用をするので、"**불러 드리다**(呼んで差し上げる)"になる。

389 간단히 말해서,
カンダニ　マレソ
▶簡単に言えば、

A: 공장폐쇄라니. 어떻게 된 거예요?
B: **간단히 말해서**, 회사가 재정위기에 빠졌습니다.

　　A: 工場閉鎖とは。どういうことですか？
　　B: 簡単に言えば、会社が財政危機に陥りました。

★**폐쇄** …閉鎖。

★【名詞＋(이) 라니】の形で、納得できないことを確かめたり反問したりすることを表す。「〜だというのか、〜だなんて」の意味。"**라고 하니**"の縮約形。

390 문제없습니다.
ムンジェオプスムニダ
▶問題ありません。

A: 기획서를 이대로 발표해도 괜찮겠습니까?
B: 예, **문제없습니다**. 발표하십시오.

　　A: 企画書、このまま発表してもいいでしょうか？
　　B: 問題ありません。発表してください。

★**기획서** …企画書。

★【名詞＋대로】で「〜のとおり」「〜のように」の意味。"**이**(この) **대로**(とおり)"で「このまま」。例) "**명령대로**(命令どおり)"。

391 별것 아니지만,
ピョルゴッ　アニジマン
▶たいしたものではありませんが、

A : 멋진 선물 너무 고맙습니다.
B : **별것 아니지만** 마음에 드셨으면 좋겠네요.

　A : 素敵なプレゼントをありがとうございます。
　B : たいしたものではありませんが、気に入っていただけたならうれしいです。

★**별것** …変わったもの（こと）。たいしたもの（こと）。
★ "**마음에**（心に）**들다**（入る）"で「気に入る」の意味。"**들다**"はㄹ変則活用をするので、尊敬の"**시다**"がつくと"**드시다**"になる。

392 글자가 깨져서,
クルッチャガ　ケジョソ
▶文字化けして、

A : 내가 보낸 메일 봤어?
B : **글자가 깨져서**, 못 읽었어. 다시 보내 줄래?

　A : 私が送ったメール、見た？
　B : 文字化けしていて、読めなかった。もう一度送ってくれる？

★ "**글자가**（文字が）**깨지다**（壊れる）"で「文字化けする」の意味。
★ "**못 읽었어**"は"**못**"と"**읽**"の間にㄴが挿入され［**못 닑었어**］、さらに鼻音化が生じるため［**몬 닐거써**］と読む。

393 세월이 빠르다.
セウォリ　パルダ
▶あっという間だね。

A : 벌써 내년 달력이 나왔네요.
B : 올해도 얼마 안 남았구나. 정말 **세월이 빠르다.**

　A : もう来年のカレンダーが出てたよ。
　B : 今年も残り少ないね。ほんとにあっという間だね。

★**달력** …カレンダー。"**달**"は「月」の意味で、"**력**"は漢字で書くと「暦」。
★**얼마** …「いくら」「どのくらい」という意味の疑問詞で使われることが多いが、副詞的に「いくらか少し」「わずか」の意味でも使われる。

CHAPTER 8　149

394 이유가 뭡니까?
イユガ　ムォムニッカ
▶理由は何ですか？

A: 시작 못 하는 **이유가 뭡니까**?
B: 신중하게 검토하는 중이야. 조금만 기다려.

　　A: スタートできない理由は何ですか？
　　B: 慎重に検討中だ。少し待ってくれ。

★신중하다 …慎重だ。"신중"は漢字で「慎重」。
★검토 …検討。

395 잘못 거셨어요.
チャルモッ　コショッソヨ
▶お間違えのようです。

A: 여보세요. 미스터 김 계십니까?
B: 몇번에 거셨어요?
A: 거기 234-7654 아니에요?
B: 전화 **잘못 거셨어요**.

　　A: もしもし。キムさんいらっしゃいますか？
　　B: 何番におかけですか？
　　A: そちら 234-7654 ではありませんか？
　　B: 番号をお間違えのようです。

★"전화를 걸다"で「電話をかける」の意味。"걸다"はㄹ変則活用をするので尊敬の"시다"がつくと"거시다"になる。

396 해고 당했다고요?
ヘゴタンヘッタゴヨ

▶ **クビになったんだって？**

A : 아무런 설명도 없이 결국 **해고 당했다고요**?
B : 노조에서 단체교섭을 요구할 생각입니다.

    A : 何の説明もなしに結局、クビになったんですって？
    B : 労組で団体交渉を要求するつもりです。

★ **해고** …解雇。"**해고를** (解雇を) **당하다** (被る)" で「解雇される」の意味。

★ **노조** …労組。「労働組合」は "**노동조합**"。

397 귀찮으시겠지만,
クィチャヌシゲッチマン

▶ **お手数おかけしますが、**

A : 제가 차로 모셔다 드릴게요.
B : **귀찮으시겠지만**, 부탁드립니다.

    A : 車でお送りいたします。
    B : お手数おかけしますがお願いします。

★ **모시다** …(目上の人を) 案内する。(目上の人に) 仕える。

★ **귀찮다** …面倒だ。煩わしい。ここでは尊敬の "**(으)시다**"、推量の "**겠다**"、逆接の "**지만**" がついて "**귀찮으시겠지만** (ご面倒でらっしゃるでしょうが)" という意味。

398 너무 늦었습니다.
ノム ヌジョッスムニダ

▶ **もう間に合いません。**

A : 어제 주문 지금이라도 취소할 수 있나요?
B : 죄송하지만 취소하기엔 **너무 늦었습니다**.

    A : 昨日の注文、今からでも取り消せますか？
    B : 申し訳ありませんが、もう間に合いません。

★ "**취소하기엔** (取り消すには) **너무 늦었습니다** (遅すぎました)" を「もう間に合いません」と意訳。

399 제게 맡겨주세요.
チェゲ　マッキョチュセヨ

▶任せてください。

A: 내일 고객에게 상품설명을 해줄 직원을 찾고 있는데….
B: 정말입니까? **제게 맡겨주세요**. 최선을 다 하겠습니다.

> A: 明日、お客さんに商品説明をしてくれる人を探しているんだが…。
> B: 本当ですか？ 任せてください。最善を尽くします。

★ 맡기다 …(仕事などを) 任せる。

★ "최선을 (最善を) 다 (全て) 하다 (する)"で「最善を尽くす」の意味。

400 견적을 내주세요.
キョンジョグル　ネジュセヨ

▶見積もりを出してください。

A: 공사비 **견적을 내주세요**.
B: 예, 바로 보내드리겠습니다. 검토해 보세요.

> A: 工事費の見積もりを出してください。
> B: はい、すぐにお送りします。ご検討ください。

★ 견적 …見積もり。"견적하다"で「見積もる」、"견적을 내다"で「見積もりを出す」、"견적을 뽑아보다" ともいう。

401 사양하지 마세요.
サヤン　ハジ　マセヨ

▶遠慮なさらないでください。

A: 괜찮아요. **사양하지 마세요**.
B: 고맙습니다. 그럼, 커피로 하겠습니다.

> A: いいんですよ、遠慮なさらないでください。
> B: ありがとうございます。ではコーヒーをいただきます。

★ 사양 …辞退。遠慮。丁重に断ること。

402 들어오시는 대로,
トゥロオシヌン テロ

▶戻り次第、

A: 사장님 안 계세요? 좀 급한 일인데요.
B: 지금 외출중이신데요, **들어오시는 대로**, 전화드리라고 할까요?

　　A: 社長さん、いらっしゃいませんか？ ちょっと急ぎなんですが。
　　B: 外出中なのですが、戻り次第電話するように伝えましょうか？

★【動詞連体形＋대로】で「〜したらすぐ」の意味。ここでは "들어오다 (帰ってくる)" の尊敬語 "들어오시다" を使って "들어오시는 대로 (戻り次第)"。

403 잘못 걸었습니다.
チャルモッ コロッスムニダ

▶かけ間違えました。

A: 죄송합니다. 제가 전화를 **잘못 걸었습니다**.
B: 아뇨, 괜찮습니다.

　　A: すみません。かけ間違えました。
　　B: いいえ、いいですよ。

★ "전화를 (電話を) 잘못 (間違い) 걸다 (かける)" で「間違い電話をかける」の意味。

404 일이 손에 안 잡혀.
イリ ソネ アン チャピョ

▶仕事が手につかない。

A : 우리 사장님이 탈세혐의로 잡혔다던데.
B : 나도 들었어. 우리 회사 괜찮을까?
A : 나도 걱정이 돼서 **일이 손에 안 잡혀.**

 A：うちの社長が脱税容疑で捕まったというけど。
 B：私も聞いた。うちの会社、大丈夫かな？
 A：私も心配で、仕事が手につかない。

★혐의 …容疑。漢字で書くと「嫌疑」。
★【過去形語幹＋다던데】で前置きや逆接を表し「～だと言っていたが」の意味。"다고 하던데"の縮約形。ここでは"잡히다 (捕まる)"の過去形"잡혔다"を使って"잡혔다던데 (捕まったといっていたが)"。
★"일이 (仕事が) 손에 (手に) 안 잡히다 (捕まらない)"で「仕事が手につかない」の意味。

405 마음에 안 드세요?
マウメ アン トゥセヨ

▶お気に召しませんか？

A : 뭐가 **마음에 안 드세요?**
B : 디자인이 좀…. 다른 것도 있나요?

 A：なにかお気に召しませんか？
 B：デザインがちょっと…。ほかのもありますか？

★"마음에 (心に) 들다 (入る)"で「気に入る」の意味。"들다"はㄹ変則動詞なので、尊敬の"(으) 시다"をつけると"드시다"になる。

406 무슨 예정 있어요?
ムスン イェジョン イッソヨ
▶何か予定ありますか？

A : 김과장님, 오늘 저녁에 **무슨 예정 있어요**?
B : 거래처 사람들과 회식할 예정입니다.

> A : 金課長、今日の夕方、何か予定ありますか？
> B : 取引先と食事の予定です。

★**거래처** …取引先。漢字で書くと「去来処」。
★**회식** …複数が集まって食事をすること。漢字で書くと「会食」。

407 마중 나가겠습니다.
マジュン ナガゲッスムニダ
▶お迎えに上がります。

A : 전화 주시면 즉시로 **마중 나가겠습니다**.
B : 감사합니다. 도착하면 바로 전화드릴게요.

> A : お電話いただければすぐにお迎えに上がります。
> B : ありがとうございます。着いたらすぐに電話します。

★**마중** …出迎え。迎え。"**마중 (迎え) 나가다 (出る)**"で「出迎えに行く」。

408 사과드리겠습니다.
サグァ トゥリゲッスムニダ
▶お詫び申し上げます。

A : 이번 일에 대해서 **사과드리겠습니다**.
B : 저야말로 실례가 많았습니다.

> A : 今回のことについてお詫び申し上げます。
> B : こちらこそ申し訳ありませんでした。

★**사과** …謝罪。謝ること。漢字で書くと「謝過」。"**사과하다**"で「謝る」、"**사과드리다**"は謙譲語で「お詫びする」。

409 설명드리겠습니다.
ソルミョンドゥリゲッスムニダ

▶ご説明いたします。

A : 그런데 사실관계를 확인해야 되는데요.
B : 제가 자세히 **설명드리겠습니다**.

> A : ところで事実関係を確認しなければならないのですが。
> B : 私が詳しくご説明いたします。

★사실관계 …事実関係。

★【動詞語幹＋아/어야 되다】で「～ねばならない」の意味。ここでは "확인하다（確認する）" を使って "확인해야 되다（確認しなければならない）"。

410 승진하셨다면서요.
スンジナショッタミョンソヨ

▶昇進されたんですね。

A : **승진하셨다면서요**. 축하합니다.
B : 감사합니다. 저도 아직 믿어지지가 않아요.

> A : 昇進されたんですね。おめでとう。
> B : ありがとう。私もまだ信じられません。

★【過去形語幹＋다면서】で伝聞を確認することを表す。「～だって」の意味。ここでは "승진하셨다（昇進された）" を使って、 "승진하셨다면서（昇進されたんですって）"。

★【動詞＋아/어 지다】で「～れる」「～られる」の意味。"믿다（信じる）" を使って、"믿어지다（信じられる）"。

411 왜 반대를 무릅쓰지?
ウェ パンデルル ムルプスジ

▶何でごり押しするんだろう？

A : 국회에서 그 법안이 강행 처리되었어.
B : 그렇게까지 **왜 반대를 무릅쓰지**?

> A : 国会で、あの法案が強行採決されたよ。
> B : 何でそこまでごり押しするんだろう。

★강행 처리 …強行採決。

★무릅쓰다 …困難や恥などを省みない。例) "**더위를 무릅쓰고**（暑さをものともせず）"。

412 꼭 보답하겠습니다.
コッ　ポダパゲッスムニダ
▶必ずお応えいたします。

A: 프로젝트 성공을 위하여 건배!
B: 감사합니다. 여러분의 격려에 **꼭 보답하겠습니다**.

　　A: プロジェクト成功のために、乾杯！
　　B: ありがとうございます。皆様の激励に必ずお応えいたします。

★**보답하다** …厚意に報いる。"**보답**"は漢字で書くと「報答」。

413 노력해 보겠습니다.
ノリョケ　ポゲッスムニダ
▶がんばってみます。

A: 이거 내일까지 다 할 수 있나요?
B: 예, **노력해 보겠습니다**.

　　A: これ、明日までに終わらせられるかな？
　　B: はい、がんばってみます。

★【動詞存在詞語幹＋나】で疑問を表す。ここでは "**할 수 있다** (できる)" を使って "**할 수 있나** (できるのか?)"。文末に "**요**" をつければていねい形として使える。
★ "**노력해** (努力して) **보다** (見る)" で「がんばる」。

414 몇가지 묻겠습니다.
ミョッカジ　ムッケッスムニダ
▶いくつかお尋ねします。

A: 다른 의견은 없으십니까?
B: 경비에 대해서 **몇가지 묻겠습니다**.

　　A: ほかのご意見はございませんか？
　　B: 経費についていくつかお尋ねします。

★**가지** …種類。種。例) "**여러가지** (いろいろな)"、"**두가지** (二種類)"。

CHAPTER 8　157

415 인사가 늦었습니다.
インサガ ヌジョッスムニダ

▶ご挨拶が遅れました。

A: 이번 프로젝트의 담당자이신가요?
B: **인사가 늦었습니다.** 저는 김수경입니다.

 A: 今回のプロジェクトの担当者の方ですか？
 B: ご挨拶が遅れました。キム・スギョンです。

★【指定詞語幹＋ㄴ가】で疑問を表す。ここでは"**담당자이다**（担当者だ）"の尊敬語"**담당자이시다**"を使って"**담당자이신가**（担当者でいらっしゃるか）"。文末に"**요**"をつければていねい形として使える。

416 경기는 어떻습니까?
キョンギヌン オットスムニッカ

▶景気はどうですか？

A: 요즘 일본 **경기는 어떻습니까?**
B: 별로 활발하지 못한 것 같아요.

 A: 最近、日本の景気はどうですか？
 B: いまひとつ活気がないようです。

★**별로** …特に。別に。大して。

★**활발하다** …活発だ。活気がある。"**활발**"は漢字で書くと「活発」。

417 이쪽으로 오십시오.
イッチョグロ オシプシオ

▶こちらへどうぞ。

A: KA 상사에서 온 김광수입니다.
B: 기다리고 있었습니다. **이쪽으로 오십시오.**

 A: KA 商社から来たキム・クァンスです。
 B: お待ちしておりました。こちらへどうぞ。

★**쪽** …（方向を指して）方。側。"**이**（この）**쪽**（方）"で「こちら」の意味。例）"**그쪽**（そちら）"、"**저쪽**（あちら）"。

418 찾아뵙고 싶은데요.
チャジャベプコ シプンデヨ
▶お目にかかりたいのですが。

A: 괜찮으시면 한번 **찾아뵙고 싶은데요**. 많이 바쁘시죠?
B: 아니, 괜찮아요. 다음 주에는 시간이 있어요.

　　A: よろしければ、一度お目にかかりたいのですが、お忙しいですよね？
　　B: いや、大丈夫です。来週なら時間がありますよ。

★**찾아뵙다** …お伺いする。"**찾아가다**（会いに行く）"の謙譲語。"**뵙다**"は「お目にかかる」。
★**다음（次の）주（週）**で、「来週」。例）"**이번주**（今週）"、"**지난주**（先週）"。

419 늦지 않도록 내세요.
ヌッチ アントロク ネセヨ
▶遅れないように出してください。

A: 보고서는 언제까지 제출해야 합니까?
B: 2주안에 내셔야 합니다. **늦지 않도록 내세요**.

　　A: 報告書はいつまでに提出ですか？
　　B: 2週間以内に出さなければなりません。遅れないように出してください。

★【語幹＋**도록**】で目標をあらわす。「～するように」「～できるように」の意味。ここでは"**늦다**（遅れる）"の否定形"**늦지 않다**"を使って"**늦지 않도록**（遅れないように）"。

420 그게 무슨 뜻입니까?
クゲ ムスントゥシムニッカ
▶それはどういう意味ですか？

A: 미안하지만 귀사의 기대를 충족시킬 수가 없습니다.
B: **그게 무슨 뜻입니까?**

　　A: すみませんが、貴社の期待にお応えすることができません。
　　B: それはどういう意味ですか？

★【名詞＋**시키다**】で「～（するように）させる」の意味。ここでは"**충족**（充足）"を使って"**충족시키다**（充足させる）"。

421 변경할 수 있습니까?
ピョンギョンハル ス イッスムニッカ

▶変更できますか？

CHECK✓

A: 지급 방법을 **변경할 수 있습니까?**
B: 예, 가능합니다. 필요한 서류를 준비해 드릴게요.

A: 支払い方法を変更できますか？
B: はい、できます。必要な書類を準備いたします。

★**지급 방법** …支払い方法。"**지급**"は漢字で書くと「支給」。
★**가능하다** …可能だ。"**가능**"は漢字で書くと「可能」。"**예, 할 수 있습니다** (はい、できます)"とも言える。

422 말씀 좀 전해 주세요.
マルツム チョム チョネ チュセヨ

▶ご伝言をお願いします。

CHECK✓

A: 최부장님 좀 바꿔 주시겠어요?
B: 죄송하지만 지금 회의 중이신데요.
A: 그러면 **말씀 좀 전해 주세요.**

A: 崔部長にかわっていただけますか？
B: 申し訳ありませんが、ただいま会議中なのですが。
A: ではご伝言をお願いします。

★**회의 중** …会議中。ほかに"**외출 중** (外出中)"、"**출장 중** (出張中)"、"**식사 중** (食事中)"など。

423 먼저 실례하겠습니다.
モンジョ シルレハゲッスムニダ

▶お先に失礼します。

CHECK✓

A: 그럼 일이 있어서 **먼저 실례하겠습니다.**
B: 조심해서 가세요.

A: では、用事があるのでお先に失礼します。
B: お気をつけて。

★"**먼저 가겠습니다** (先に行きます)"も「お先に失礼します」の意味で使われる。
★"**조심해서** (注意して) **가세요** (行きなさい)"で「お気をつけて」。

160　CHAPTER 8

424 어떻게 도와드릴까요?
オットケ　トワドゥリルッカヨ
▶何かご用ですか？

A: 안녕하세요, **어떻게 도와드릴까요?**
B: 인감증명서는 어디서 떼야 돼요?

　　A: こんにちは。何かご用ですか？
　　B: 印鑑証明書はどこで取りますか？

★ "**어떻게**（どのように）**도와드릴까요?**（お手伝いしましょうか）"で「何かご用ですか？」の意味で使われる。

★ **떼다** …取る。取り外す。発行する。

425 확인해 주시겠습니까?
ファギネチュシゲッスムニッカ
▶確認していただけますか？

A: 어제요? 주문 받은 게 없는데요.
B: 제가 주문한 게 확실한데요. 다시한번 **확인해 주시겠습니까?**

　　A: 昨日ですか？ ご注文は受けていませんが。
　　B: 確かに注文しました。もう一度、確認していただけますか？

★【形容詞語幹＋ㄴ/은데】で前置きを表す。「～だが」「～だから」の意味。ここでは"**확실하다**（確実だ）"を使って"**확실한데**（確実なのだが）"。文末に"**요**"をつければていねい形として使える。

426 모처럼의 기회였는데.
モチョロメ　キフェヨンヌンデ
▶せっかくの機会だったのに。

A: 조건이 안 맞아서 그만두었어요.
B: **모처럼의 기회였는데**. 아쉽네요.

　　A: 条件が合わなくて辞めました。
　　B: せっかくの機会だったのに。惜しいですね。

★ **조건** …条件。

★ **모처럼** …せっかく、わざわざ。

★【語幹＋네】で詠嘆を表す。ここでは"**아쉽다**（名残惜しい、物足りない）"を使って"**아쉽네**（惜しいね）"。鼻音化が生じるので[아쉼네]と発音する。文末に"**요**"をつければていねい形として使える。

427 앞으로는 주의하세요.

アプロヌン チュイハセヨ

▶今後は気をつけてください。

A: 정말 죄송하게 되었습니다.

B: 앞으로는 주의하세요.

　　A: 本当に申し訳ありませんでした。
　　B: 今後は気をつけてください。

★謝罪の言葉は"**죄송합니다**（申し訳ありません）"がよく使われるが、"**죄송하게**（申し訳なく）**되었습니다**（なりました）"も、よりていねいなニュアンスで使われる。

428 본론으로 들어갈까요?

ポンロヌロ トゥロガルッカヨ

▶本題に入りましょうか。

A: 같이 일하게 돼서 기쁩니다.

B: 저도요. 그럼 이제 본론으로 들어갈까요?

　　A: 一緒に仕事ができてうれしいです。
　　B: 私もです。ではさっそく本題に入りましょうか。

★**본론** …本題。漢字で書くと「本論」。流音化が生じるので [**볼론**] と発音する。

429 몸둘 바를 모르겠네요.

モムトゥルパルル モルゲンネヨ

▶身に余るお言葉です。

A: 자네의 기획서는 정말 완벽해.

B: 어휴, 이거 정말 몸둘 바를 모르겠네요.

　　A: 君の企画書は本当に完璧だよ。
　　B: いや、それは身に余るお言葉です。

★**완벽하다** …完璧だ。"**완벽**"は漢字で書くと「完璧」。激音化が生じるので、"**완벽해**"は [**완벼캐**] と発音する。

★"**몸둘 바를 모르겠네요**"は直訳すると「身を置く場がわかりません」の意味。

430 간단히 말씀해 주세요.
カンダニ　マルッスムヘ　チュセヨ

▶ **手短にお願いします。**

A: 한마디로 설명하기에는 복잡한 내용인데요.
B: 죄송하지만, 시간이 없으니까 **간단히 말씀해 주세요.**

A: 一言で説明するにはややこしい内容なんですが。
B: 申し訳ありませんが時間がないので、手短にお願いします。

★ **복잡하다** …混雑している。複雑だ。"**복잡한**（複雑な）**내용**（内容）"で「ややこしい内容」。

★ "**간단히**（簡単に）**말씀해 주세요**（おっしゃってください）"で「手短にお願いします」。

431 경기가 바닥을 쳤어요.
キョンギガ　パダグル　チョッソヨ

▶ **景気が底を打ちました。**

A: 작년에 **경기가 바닥을 쳤어요.**
B: 올해는 좀 더 나아지길 빌어 봅시다.

A: 景気が去年底を打ちました。
B: 今年はもう少し回復してほしいです。

★ "**바닥을**（底を）**치다**（打つ）"で「底をうつ」。
★ "**빌어 봅시다**（祈ってみましょう）"を「〜ほしいです」と意訳。

432 덕분에 잘 해결되었습니다.
トクブネ　チャル　ヘギョルテオッスムニダ

▶ **おかげでうまくいきました。**

A: 컴퓨터 문제는 잘 해결되었나요?
B: 조언을 해주신 **덕분에 잘 되었습니다.**

A: PCの問題は解決しましたか？
B: アドバイスのおかげでうまくいきました。

★ **해결** …解決。"**해결**（解決）**되다**（なる）"で「（〜が）解決する」の意味。
★ **조언** …アドバイス。漢字で書くと「助言」。

433 원하시는 대로 하세요.

ウォナシヌン テロ ハセヨ

▶お好きなようにしてください。

A: 제가 사회를 보기로 했는데요.
B: 원하시는 대로 하세요.

　A: 私が司会をすることにしたのですが。
　B: お好きなようにしてください。

★사회 …司会。"사회를 (司会を) 보다 (見る)" で「司会をする」の意味。

★【動詞連体形＋대로】で「～とおり」の意味。ここでは "원하다 (望む)" の尊敬語 "원하시다" を使って "원하시는 대로 (お望みの通りに)"。

434 바로 연락드리겠습니다.

パロ ヨルラクトゥリゲッスムニダ

▶すぐにご連絡いたします。

A: 제품 사진이 틀린 것 같은데요.
B: 확인해서 바로 연락드리겠습니다.

　A: 製品の写真が違うようですが。
　B: 確認してすぐにご連絡いたします。

★틀리다 …間違える。違う。例) "계산을 틀렸다 (計算を間違えた)"。

435 분명하게 말씀하십시오.

プンミョンハゲ マルッスムハシプシオ

▶はっきりおっしゃってください。

A: 안된다는 게 아니지만, 그래도….
B: 분명하게 말씀하십시오.

　A: ダメだという訳じゃないのですが、でも…。
　B: はっきりおっしゃってください。

★분명히 …はっきりと。確かに。"분명" は漢字で書くと「分明」。

★【動詞語幹＋(으)십시오】で「～ください」「～してください」の意味。ここでは "말씀하다 (おっしゃる)" を使って "말씀하십시오 (おっしゃってください)"。

436 가장 중요한 요소입니다.
カジャン　チュンヨハン　ヨソイムニダ

▶一番重要な要素です。

A: 이번 프로젝트의 성공 비결은 무엇입니까?

B: 예, 팀워크가 **가장 중요한 요소입니다.**

　　A: 今回のプロジェクトの成功の秘訣は何ですか？
　　B: はい、チームワークが一番重要な要素です。

★**프로젝트** …プロジェクト。
★**성공 비결** …成功の秘訣。韓国語では「の」がしばしば省略される。
★**팀워크** …チームワーク。

437 저도 그렇게 생각합니다.
チョド　クロケ　センガカムニダ

▶私もそう思います。

A: 토의내용을 공개해야 한다고 생각합니다.

B: 맞습니다. **저도 그렇게 생각합니다.**

　　A: 討議内容を公開すべきだと思います。
　　B: そうです。私もそう思います。

★**맞다** …合う。正しい。"**맞습니다**(合っています)"は「その通りです」の意味で、あいづちとしてよく使われる。

438 다음에 다시 상의합시다.
タウメ　タシ　サンイハプシダ

▶また今度相談しましょう。

A: 아무리 의논해도 결론이 안 날 것 같아요.

B: 그러면 오늘은 이만하고 **다음에 다시 상의합시다.**

　　A: どんなに議論しても結論が出ないようです。
　　B: では今日はこれくらいにしてまた今度相談しましょう。

★**결론** …結論。"**결론이 나다**"で「結論が出る」。
★**상의** …相談。漢字で書くと「相議」。

439 다른 방법이 없습니까?
タルン パンボビ オプスムニッカ

▶ほかの方法はありませんか？

A: 빚이 너무 많아서 이제 이 집을 팔 수 밖에 없네요.
B: **다른 방법이 없습니까?**

> A：借金がかさんで、もうこの家を売るしかありませんね。
> B：ほかの方法はありませんか？

★빚 …借金。"빚이 많다 (借金が多い)" を「借金がかさむ」と意訳。
★【動詞語幹＋ㄹ/을 수 밖에 없다】で「～するしかない」の意味。ここでは "팔다 (売る)" を使って "팔 수 밖에 없다 (売るしかない)"。

440 초대해주셔서 감사합니다.
チョデヘジュショソ カムサハムニダ

▶お招きいただきありがとうございます。

A: 잘 오셨습니다. 반갑네요.
B: **초대해주셔서 감사합니다.**

> A：ようこそ。うれしいです。
> B：お招きいただきありがとうございます。

★"잘 오셨습니다" は直訳すると「よくいらっしゃいました」。
★초대 …招待。

441 재고가 떨어진 상태입니다.
チェゴガ トロジン サンテイムニダ

▶在庫を切らしております。

A: 온라인 주문이 안 되는데요.
B: 죄송합니다. 현재 **재고가 떨어진 상태입니다.**

> A：オンライン注文ができないんですが。
> B：申し訳ございません。現在、在庫を切らしている状態です。

★온라인 …オンライン。
★떨어지다 …「落ちる」の意味で使うことが多いが、「(使い切って) なくなる、尽きる」の意味もある。

442 기다리게 해서 죄송합니다.
キダリゲヘソ チェソンハムニダ

CHECK✓

▶**お待たせして申し訳ありません。**

A : 기다리게 해서 죄송합니다.
B : 괜찮습니다. 저도 온지 한 10 분 밖에 안됩니다.

> A : お待たせして申し訳ありません。
> B : 大丈夫です。私も10分前に来たところです。

★ "온 지 한 10분 밖에 안됩니다" は直訳すると「来てから10分しか経っていません」。

443 신경 쓰지 않으셔도 됩니다.
シンギョン スジ アヌショド テムニダ

CHECK✓

▶**どうぞお構いなく。**

A : 커피하고 녹차가 있는데 뭘로 하시겠어요?
B : 저는 **신경 쓰지 않으셔도 됩니다**.

> A : コーヒーと緑茶がありますが、どちらになさいますか？
> B : いえ、どうぞお構いなく。

★ "뭘로" は "무엇으로" の縮約形。

★ "신경 쓰지 않으셔도 됩니다" は直訳すると「神経をお使いにならなくてもいいです」という意味。

444 위로의 말씀을 드려야 겠네요.
ウィロエ マルッスムル トゥリョヤ ゲンネヨ

CHECK✓

▶**お悔やみを伝えないと。**

A : 과장님 아버님께서 어제 갑자기 돌아가셨대요.
B : 아, 가서 **위로의 말씀을 드려야 겠네요**.

> A : 課長のお父様が昨日、突然亡くなったらしいですよ。
> B : じゃあ、お悔やみを伝えないと。

★ "돌아가시다 (亡くなる)" は、"죽다 (死ぬ)" の尊敬語。

★ "위로의 (慰労の) 말씀 (お言葉)" で「お悔やみ」。

445 담당자를 바꿔 드리겠습니다.
タムダンジャルル　パックォ　トゥリゲッスムニダ
▶担当者に代わります。

A：신상품에 대해서 좀 묻고 싶은데요.
B：그럼 담당자를 바꿔 드리겠습니다.

 A：新商品についてちょっとお尋ねしたいのですが。
 B：では担当者に代わります。

★電話では"담당자를 연결해 드리겠습니다 (担当者におつなぎします)"とも言う。"연결"は漢字で「連結」。

---

446 일부러 와주셔서 감사합니다.
イルブロ　ワジュシショ　カムサハムニダ
▶わざわざお越しいただきありがとうございます。

A：일부러 와주셔서 감사합니다.
B：필요하시면 언제든지 불러주세요.

 A：わざわざお越しいただきありがとうございます。
 B：必要な時にはいつでも呼んでください。

★일부러 …わざわざ。ほかに「わざと、故意に」の意味もある。
★【疑問詞＋든지】で全面的に肯定する意味を表す。"언제든지"で「いつでも」。

---

447 좋은 회답을 기다리겠습니다.
チョウン　フェダブル　キダリゲッスムニダ
▶よいお返事をお待ちします。

A：윗분들과 상의해서 연락드리겠습니다.
B：좋은 회답을 기다리겠습니다.

 A：上司と相談してお返事いたします。
 B：よいお返事をお待ちします。

★"윗 (上の) 분 (方)"で、「上司」の意味。
★상의 …相談。協議。漢字で書くと「相議」。
★회답 …回答。返事。

448 저 혼자서는 결정을 못 내리겠습니다.
チョ　ホンジャソヌン　キョルチョンウル　モン　ネリゲッスムニダ

▶私一人では決められません。

A: 저 혼자서는 결정을 못 내리겠습니다.
B: 그러면 사장님께 상의해 보시고 연락을 해주시겠습니까?

 A: 私一人では決められません。
 B: では、社長さんと相談して連絡していただけますか？

★혼자서 …一人で。"서"は、人数や固有数詞について「～人で」の意味を表す。
★결정 …決定。

CHAPTER 9
応用・慣用句 フレーズ

韓国語には、日本語と同じ慣用表現も。
ただし、使うシーンが少し違うことも多いので注目です。
さらりと会話に入れて会話のアクセントに。

449 손이 커.
ソニ コ

▶気前がいい。

A: 그 친구는 어려운 사람을 도와줄 때는 **손이 커**.
B: 평소에는 상당히 돈을 아끼는 사람인데.

> A: あの人は困っている人には気前がいい。
> B: 普段は相当節約する人だけど。

★ "**어려운** (難しい) **사람** (人)" は「困難な状況にある人」の意味。
★ "**손이** (手が) **크다** (大きい)" で「けちけちせず気前がいい」という意味の慣用句。
★ **평소** …普段、いつも。漢字で書くと「平素」。

450 옥에 티지.
オゲ ティジ

▶玉にキズだね。

A: 새로 나가는 직장 어때?
B: 아주 좋아. 월급 많이 주고 동료들도 좋고. 근데, 근무시간이 긴 게 **옥에 티지**.

> A: 新しい職場はどう?
> B: すごくいいよ。給料はいいし、同僚たちもいいし。でも勤務時間が長いのが玉にキズだね。

★ **동료** …同僚。[**동뇨**]と発音。
★ **옥** …漢字の「玉」。"**옥에 티**" で「玉にキズ」。文末の "**지**" は話し手の意志を表す。

451 철면피구먼.
チョルミョンピグモン

▶恥知らずだね。

A: 사법고시에서 부정행위가 적발됐대.
B: 변호사가 되려고 하는 사람들이… 야, 정말 **철면피구먼**.

> A: 司法試験で不正行為摘発だって。
> B: 弁護士になろうという人が…、本当、恥知らずだね。

★ **사법고시** …司法試験。漢字で「司法高試」。
★ **철면피** …厚かましい。漢字で「鉄面皮」。
★ 【指定詞語幹＋**구먼**】で感嘆を表す「〜だなあ」「〜だね」の意味。母音語幹の名詞の前では語幹**이**が省略される。本来は "**구먼**" だが "**구만**" と書かれることが多い。

452 간이 크더라.
カニ クドラ
▶**大胆なヤツだよ。**

A: 어제 우리 옆집에 도둑이 들었잖아. 그 놈이 대개 **간이 크더라**.
B: 왜요?
A: 글쎄, 우리집 앞이 경찰서 잖아.

　　A: 昨日、隣の家に泥棒が入ったじゃない。相当大胆なヤツだよ。
　　B: どうして？
　　A: だって、うちの目の前が警察署じゃん。

★**도둑** …泥棒。

★"**간이** (肝が) **크다** (大きい)"は「大胆だ」「度胸がある」という意味で使われる。

453 귀가 따가워.
クィガ タガウォ
▶**うんざりだよ。**

A: 맨날 술먹고 늦게 들어오고, 술 좀 그만 마셔.
B: 잔소리도 한두번이지. 이젠 정말 **귀가 따가워**.

　　A: 毎日遅くまで酒飲んできて、お酒もうやめて。
　　B: 小言も何度も言われると、うんざりだよ。

★ここでは"**잔소리도** (小言も) **한두번이지** (一、二度だろう)"を「何度も言われると」と意訳。

★"**귀가** (耳が) **따갑다** (痛い)"で「同じことを何度も聞いて嫌になる」「耳にたこができる」の意味。

454 귀가 가렵다.
クィガ カリョプタ
▶**耳がかゆい。**

A: 누가 내 이야기를 하고 있나 봐. **귀가 가렵다**.
B: 이럴 때 일본에서는 재채기가 나온다고 하는데.

　　A: 誰かが私の噂をしているみたい。耳がかゆい。
　　B: そういう時、日本ではくしゃみが出ると言うんだけど。

★"**귀가** (耳が) **가렵다** (かゆい)"は、誰かが自分の噂をしているように感じるときに使う。

★**재채기** …くしゃみ。

455 마음 먹었니?
マウム モゴンニ

▶決心したの？

A: 결국은 직장을 그만두기로 **마음 먹었니**?
B: 많이 고민했는데 그렇게 결정했어.

> A: 結局、仕事辞めるって決心したの？
> B: さんざん悩んだけど、そう決めたよ。

★【動詞語幹＋기로 하다】の形で「〜ことにする」の意味。ここでは"그만 두다 (辞める)"を使って"그만두기로 하다 (辞めることにする)"。

★"마음을 (心を) 먹다 (食べる)"で「決心する」という意味。

456 배가 아픈데.
ペガ アプンデ

▶うらやましいな。

A: 민정이가 약혼했대.
B: 그래? 축하할 일이지만 솔직히 **배가 아픈데**.

> A: ミンジョンが婚約したんだって。
> B: へえ？ おめでたいことだけど、正直、うらやましいかな。

★약혼 …婚約。漢字で書くと「約婚」。

★"배가 (腹が) 아프다 (痛い)"で、「うまくいっている人を見て嫉妬すること」という意味がある。

457 앞이 캄캄해.
アピ カムカメ

▶お先真っ暗だよ。

A: 신문 봤어? 대학생 취직 내정률이 과거 최악이래.
B: 그래. 나도 취직활동중인데, **앞이 캄캄해**.

> A: 新聞見た？ 大学生の就職内定率が過去最悪だって。
> B: そう。私も就職活動中だけど、お先真っ暗だよ。

★내정률 …内定率。

★취직활동 …就職活動。

★"앞이 (前が) 캄캄하다 (真っ暗だ)"は、「お先真っ暗」という意味で使われる。

458 한눈 팔지 마.
ハンヌン パルジ マ

▶よそ見するな。

A : 야, 저 여자, 완전 내 스타일인데. 쭉쭉 빵빵이다.
B : 운전중에 **한눈 팔지 마**.

  A : ねえ、あそこにいる女の子、好みのグラマー。
  B : 運転中によそ見しないで。

★ "**내** (私の) **스타일** (スタイル)" で「私の好み」「私のタイプ」などの意味で使われる。
★ **쭉쭉 빵빵** …出るところは出ていて引っ込むべきところは引っ込んでいる体型のこと。
★ "**한눈을** (目を) **팔다** (そらす)" で「よそ見をする」。"**팔다**" は「売る」の意味が一般的だが、「そらす、とられる」の意味もある。

459 청개구리라서.
チョンゲグリラソ

▶あまのじゃくだから。

A : 우산 가져가라고 했는데 또 안 가져갔네.
B : 애가 **청개구리라서** 반대로만 한다고요.

  A : 傘持って行けっていったのに、持って行かなかったよ。
  B : あの子はあまのじゃくだから反対のことばかりするんですよ。

★ "**청개구리**" は「青蛙」。「あまのじゃく」の意味で使われる。

460 발이 넓으니까.
パリ ノルブニッカ

▶顔が広いから。

A : 태국어 잘하는 사람이 없나요?
B : 민숙씨가 **발이 넓으니까** 한번 물어볼게요.

  A : タイ語が上手な人はいませんか？
  B : ミンスクさんが顔が広いから、一度聞いてみましょう。

★ **태국어** …タイ語。漢字で「泰国語」。
★ "**발이** (足が) **넓다** (広い)" は、「顔が広い」という意味。

461 그림의 떡이지.
クリメ トギジ

▶高嶺の花だよ。

A: 집값이 내렸다고 해도 아직 나한테는 너무 비싸.
B: 서민들한테는 역시 **그림의 떡이지**.

　A: 家の値段が下がったといっても、まだ私には高いな。
　B: 庶民にはやっぱり高嶺の花だよ。

★ "**그림의** (絵の) **떡** (餅)" で、話や計画などがどんなにすばらしくても、実現しなければ役に立たないという喩え。韓国語では「高嶺の花」の意味でも使われる。

462 바가지 썼나 봐.
パガジ ソンナバ

▶ぼられたみたい。

A: 이게 만오천 원이라니 너무 비싼 거 아냐?
B: 아무래도 우리 **바가지 썼나 봐**.

　A: これが１万５チウォンって高すぎるんじゃない？
　B: どうやらぼられたみたい。

★【語幹＋아/어도】で譲歩を表す。「〜ても」の意味。ここでは "**아무렇다** (どんな状態だ)" を使って "**아무래도** (どうあっても)"。"**아무렇다**" はㅎ変則形容詞。

★ **바가지** …もとは「ひょうたん」のこと。料金をふっかけること。またはその料金の意味でも使う。

463 발목을 잡혀서.
パルモグル チャピョソ

▶足止めされて。

A: 비행기가 왜 연착됐어?
B: 태풍에 **발목을 잡혀서**. 늦게 출발했대.

　A: なんで飛行機が遅れたの？
　B: 台風で足止めされて。出発が遅れたんだよ。

★ "**발목을** (足首を) **잡히다** (捕まれる)" で「その状況から抜け出せない」という意味。「弱みを握られる」という意味もある。

★【過去形語幹＋대】で伝聞を表す。"**다고 해**" の縮約形。ここでは "**출발하다** (出発する)" の過去形 "**출발했다**" を使って "**출발했대** (出発したそうだ)"。

464 시작이 반이야.
シジャキ パニヤ

▶案ずるより産むが易しだよ。

A : 새로 사업을 시작했는데 잘 될지….
B : 괜찮아. 시작이 반이야.

   A : 新たしく事業を立ち上げたけど、うまくいくだろうか…。
   B : 大丈夫。案ずるより産むが易しだよ。

★ "**시작이** (始まりが) **반** (半)" で「最初が肝心」「案ずるより産むが易し」などの意味で使われる。

465 될대로 되라지.
テルテロ テラジ

▶なるようになるよ。

A : 내일 시험이라면서 공부안해?
B : 지금부터 시작해도 소용없어. 될대로 되라지.

   A : 明日試験だっていうのに、勉強しないの？
   B : 今から始めても無駄だよ。なるようになるよ。

★ **소용이** (所用が) **없다** (ない)" で「使い道がない」「無駄だ」という意味。
★ スペイン語の「ケ・セラ・セラ」"Que sera sera" は "**될대로 되라**" と訳される。

466 욕심은 끝이 없는 거예요.
ヨクシムン クチ オムヌンゴエヨ

▶欲にはキリがない。

A : 원피스를 사면 투피스가 사고 싶고, 티셔츠를 사면 청바지를 사고 싶고….
B : 인간의 욕심은 끝이 없는 거예요.

   A : ワンピース買うとツーピースが欲しくなるし、Tシャツ買うとGパン欲しくなって。
   B : 人間の欲にはキリがないんですよ。

★ **욕심** …欲。漢字で「欲心」。例) "**욕심을 내다.** (欲を出す)"、"**욕심을 부리다.** (欲張る)"。
★ **끝** …終わり、端、果て。"**끝이** (終わりが)" は [**끄치**] と発音する。

467 옷이 날개라더니.
オシ ナルゲラドニ

▶馬子にも衣装と言うけど。

A : 어때? 예뻐?
B : **옷이 날개라더니**, 그 말이 맞네.

A : どう？ かわいい？
B : 馬子にも衣装と言うけど、ほんとうにそうだね。

★ "**옷이** (服が) **날개** (翼)" で「馬子にも衣装」の意味。

★【指定詞語幹＋라더니】で「だと言っていたが」の意味。"라고 하더니" の縮約形。母音語幹の名詞の前では語幹이が省略される。

468 바람을 맞았거든.
パラムル マジャッコドゥン

▶すっぽかされたんだよ。

A : 사실은 여자친구한테 **바람을 맞았거든**.
B : 정말이야? 그래서 이렇게 힘이 없었구나!

A : 実は、彼女にすっぽかされたんだよ。
B : 本当？ だから元気がないんだ！

★ "**바람을** (風を) **맞다** (当たる)" は「約束をすっぽかされる」「待ちぼうけを食らう」という意味。

★【語幹＋거든】で事実の根拠を表す。ここでは "맞다 (当たる)" の過去形 "맞았다" を使って "**맞았거든** (すっぽかされたんだよ)"。

469 벼락을 맞을거야.
ピョラグル マジュルコヤ

▶罰が当たるね。

A : 아이들 과자에 유해 색소를 넣었대요.
B : 그런 사람들은 **벼락을 맞을거야**.

A : 子どものお菓子に有害色素を入れたんですって。
B : そういう人たちは、罰が当たるね。

★ 유해 색소 …有害色素。

★ "**벼락을** (雷に) **맞다** (あたる)" で、「罰が当たる」の意味。

470 진땀을 흘렸어요.
チンッタムル フルリョッソヨ

▶冷や汗をかきました。

A : 취직 면접 잘 봤어?
B : 시사문제에 대답하느라고 **진땀을 흘렸어요**.

　　A : 就職の面接、うまくいった？
　　B : 時事問題に答えるのに冷や汗をかきました。

★**시사문제** …時事問題。

★【動詞語幹＋느라고】で、ある動作がほかの事の原因になることを表す。「〜するため」。ここでは "**대답하다** (答える)" を使って "**대답하느라고** (答えるため)"。

★**진땀** …ひどく苦しい時に出る汗。冷や汗。脂汗。

471 콧대가 높아졌어.
コッテガ ノパジョッソ

▶態度がでかくなった。

A : 이 집 텔레비전에서 봤어!
B : 텔레비전에서 소개된 다음부터 집주인의 **콧대가 높아졌어**.

　　A : この店、テレビで見たよ！
　　B : テレビで紹介されてから、店の主人の態度がでかくなったんだ。

★**텔레비전** …テレビ。「TV」と書いて "**티비**" とも言う。

★"**콧대가** (鼻っ柱が) **높다** (高い)" で「鼻が高い」「傲慢だ」という意味。

472 허리띠를 조르고.
ホリッティルル チョルゴ

▶気持ちを引き締めて。

A : 물가가 많이 올라서 이달에 적자가 났어요.
B : **허리띠를 조르고** 살아야 겠구나.

　　A : 物価がずいぶん上がって、今月は赤字だね。
　　B : 気持ちを引き締めて生活しなきゃならないね。

★"**허리띠를** (ベルトを) **조르다** (締める)" で「質素な生活をする」または「決心したことを成し遂げる覚悟をする」という意味。

CHAPTER 9　179

473 쥐도 새도 모르게.
チュィド セド モルゲ

▶ こっそり。

A : 나 다음 달에 결혼할 거야.
B : 너 사귀는 여자 있었어? 그동안 **쥐도 새도 모르게** 연애했구나!

    A : 来月、結婚するんだ。
    B : 彼女がいたの？ 今までこっそり恋愛してたんだ！

★ "**쥐도**（ねずみも）**새도**（鳥も）**모르게**（知らずに）"で、「誰も知らないうちにこっそりと」という意味で使われる。

---

474 누워서 떡 먹기죠.
ヌウォソ トン モクキジョ

▶ お安いご用です。

A : 너 영어 잘한다면서? 영자신문 좀 번역해 줄래?
B : 이리 줘보세요. 이 정도는 **누워서 떡 먹기죠**.

    A : 君、英語上手なんだって？ 英字新聞、ちょっと翻訳してくれる？
    B : 貸してください。これくらいお安いご用ですよ。

★【動詞語幹＋ㄴ/는다면서】で伝聞を確認する。「～なんだって」の意味。ここでは "**잘하다**（上手だ）" を使って "**잘한다면서**（上手なんだって）"。

★ "**누워서**（寝て）**떡**（餅）**먹기**（食べること）" は、「とても簡単なこと」の喩え。「朝飯前」「お安いご用」に該当する。同じ意味で、"**식은 죽 먹기**（冷めた粥を食べる）" という慣用句もある。

475 찬물을 끼얹은 듯.
チャンムルル キオンジュントゥッツ

▶水を打ったように。

A : 어제 회의에서 실수했다면서?
B : 응, 부장님의 제안에 반대을 했더니 **찬물을 끼얹은 듯** 조용해졌어.

　　A : 昨日の会議でまずいことを言ったんだって？
　　B : うん、部長の提案に反対したら、水を打ったように静まり返っちゃったよ。

★【語幹＋더니】で後に続く状況の前置きを表す。「〜したら」の意味。ここでは "**반대를 하다** (反対をする)" の過去形 "**한대를 했다**" を使って "**반대을 했더니** (反対をしたら)"。

★ "**찬물을** (冷水を) **끼얹다** (浴びせる)" で「水をさす」の意味。「とても静かなこと」の喩え。

476 눈 깜짝할 사이에,
ヌン カムチャカル サイエ

▶あっという間に、

A : 정말 배가 많이 고팠구나! **눈 깜짝할 사이에**, 다 먹었네!
B : 너무 배가 고파서 정신 없이 먹었어요.

　　A : ほんとにお腹がすいていたんだね。あっという間に完食！
　　B : お腹が空きすぎて、夢中で食べたよ。

★ "**눈** (目) **깜짝** (瞬き) **할** (する) **사이** (間)" で「あっという間」という意味で使われる。
★ "**정신이** (精神が) **없다** (ない)" で「われを忘れて」「無我夢中で」。

477 파김치가 돼버려요.
パキムチガ テボリョヨ

▶くたくたです。

A : 직장생활에 익숙해졌어요?
B : 아뇨, 아직 긴장해서인지 집에 오면 **파김치가 돼 버려요**.

　　A : 職場生活には慣れましたか？
　　B : いいえ、まだ緊張してるからか、家に帰るとくたくたです。

★【形容詞語幹＋아/어 지다】で、状態の変化を表す。ここでは "**익숙하다** (慣れる)" を使って "**익숙해지다** (慣れてくる)"。
★ "**파김치가** (ネギキムチに) **되다** (なる)" で「くたくたになる」の意味。

CHAPTER 9　181

478 한입으로 두말하네.
ハンニブロ　トゥマラネ
▶二枚舌だな。

A: 이번 선거에 출마하기로 했어.
B: 죽어도 출마는 안 한다더니 한입으로 두말하네.

A: 今度の選挙に出馬することにしたよ。
B: 絶対出馬しないと言っていたのに、二枚舌だな。

★【動詞語幹＋ㄴ/는다더니】で「～だと言っていたが」の意味。"다고 하더니"の縮約形。ここでは"안 하다（しない）"を使って"안 한다더니（しないと言っていたが）"。

★"한입으로（一つの口で）두말하다（二言いう）"で、「二枚舌」の意味。

479 옥신각신하고 있어?
オクシンカクシナゴ　イッソ
▶ごたごたしてるの?

A: 이혼문제로 아직 옥신각신하고 있어?
B: 그래, 애기 엄마가 터무니없는 주장만 해서 골치 아파.

A: 離婚問題でまだごたごたしているの？
B: そうなんだ。相手がとんでもない主張ばかりするんで頭が痛いよ。

★옥신각신 …ごたごた。言い争う様子を表す。ここでは"하다（する）"をつけて動詞として使っている。

★애기 엄마 …子どものお母さん。ここでは離婚相手を指す。

★골치 …「頭」の意味の俗語。

480 맛을 들였나 보네요.
マスル　トゥリョンナ　ボネヨ
▶味をしめたみたいだね。

A: 우리 아들이 요즘 시간만 나면 인터넷 게임을 해요.
B: 게임에 맛을 들였나 보네요.

A: うちの息子、最近、時間さえあればインターネットゲームをしているんですよ。
B: ゲームの味をしめたみたいだね。

★"시간이（時間が）나다（出る）"で「時間ができる」。

★"맛을（味を）들이다（入れる）"で「味を覚える」「～に興味を持つ」という意味。

481 마음이 굴뚝 같지만,
マウミ クルットゥクカッチマン
▶気持ちはやまやまだけど、

A: 고양이를 주웠는데 기숙사라서 키울 수가 없어요.
B: 나도 키우고 싶은 **마음은 굴뚝 같지만**, 어머님이 반대하셔서….

　　A: ネコを拾ったんだけど寄宿舎だから飼えないんです。
　　B: 私も育てたい気持ちはやまやまだけど、母が反対するので…。

★【動詞語幹＋는데】で、前置きを表す。「〜だが」「〜だから」の意味。ここでは "**줍다** (拾う)"（ㅂ変則動詞）の過去形 "**주웠다**" を使って "**주웠는데** (拾ったのだが)"。
★ "**굴뚝 같다** (煙突のようだ)" で「何かをやりたくてたまらない」という慣用表現。

482 말로만 그러는 거지.
マルロマン クロウン コジ
▶口で言うだけだよ。

A: 학교에서는 휴대폰 사용 금지 아냐?
B: **말로만 그러는 거지**. 다 써.

　　A: 学校では携帯電話使用禁止じゃないの？
　　B: 口で言うだけだよ。みんな使ってるよ。

★ "**휴대 (携帯) 폰** (phone)" で携帯電話。ほかに "**핸드폰** (hand phone)" とも言う。
★ "**말로만** (言葉でだけ) **그러는** (そう言う) **거지** (だろう)" で「口で言うだけ」。"**그러는**" は "**그러다** (そう言う)" の連体形現在。

483 발등에 불 떨어졌어.
パルドゥンエ プル トロジョッソ
▶せっぱつまっててね。

A: 야, 도서관에서 너를 보다니!
B: 나 레포트 쓰느라고 완전 바빠. **발등에 불 떨어졌어**.

　　A: あれ、図書館で君に会うなんて！
　　B: レポート書くために忙しくて。せっぱつまっててね。

★ "**발등에** (足の甲に) **불이** (火が) **떨어지다** (落ちる)" で、とても切迫している状態を表す。「せっぱつまる」「お尻に火がつく」の意味で使われる。

CHAPTER 9　183

484 손발이 척척 맞네요.
ソンバリ　チョクチョク　マンネヨ

▶息がぴったりですね。

A : 쌍둥이라서 그런지 **손발이 척척 맞네요**.
B : 하하하, 항상 같이 있으니까 눈빛만 봐도 뭘 생각하는지 알아요.

A : 双子だからか、息がぴったりですね。
B : ははは。いつも一緒にいるから、目を見るだけで何を考えているのかわかりますよ。

★ **쌍둥이** …双子。

★ "**손발이** (手足が) **맞다** (合う)" は、「考えや行動が一致すること」を表す。"**척척**" は、ぴったり密着している様子。

485 색안경 끼고 보지 마.
セガンギョンウル　キゴ　ポジ　マ

▶色眼鏡で見るなよ。

A : 머리는 노랗게 물들이고 귀는 뚫고…, 이번 아르바이트생 괜찮아?
B : **색안경 끼고 보지 마**. 아르바이트생 중에서 제일 열심히 일하고 있어.

A : 茶髪でピアス…、今度のアルバイトの子、大丈夫？
B : 色眼鏡で見るなよ。アルバイトの中で一番熱心だよ。

★ "**머리를** (頭を) **노랗게** (黄色く) **물들이다** (染める)" で「茶髪」。

★ "**귀를** (耳を) **뚫다** (穴をあける)" で「ピアスをする」。

★ "**색안경을** (色眼鏡を) **끼고 보다** (かけてみる)" で「偏見を持って見る」の意味。"**색안경** (色眼鏡)" は、「サングラス」の意味だが、「偏見」や「先入観」の意味でも使う。

486 허리가 부러지겠어요.
ホリガ　プロジゲッソヨ

▶もう大変で。

A : 올해 아드님이 고 3 이죠?
B : 그래요. 요즘 과외비때문에 **허리가 부러지겠어요**.

　　A : 今年、息子さん高三でしょう？
　　B : そうです。最近、塾の費用がもう大変で。

★ **과외** …漢字で「課外」と書き、学習塾や家庭教師など学校以外の教育活動のこと。
★ "**허리가**（腰が）**부러지다**（折れる）" は、仕事がとても大変なようすを表す。

487 귀가 얇아서 큰일이야.
クィガ　ヤルバソ　クニリヤ

▶騙されやすいのも困るね。

A : 붕어가 들어 있어서 붕어빵이라고 해.
B : 정말이야? 친구들한테 가르쳐 줘야지.
A : 야, 이 말을 진짜 믿냐? 너는 **귀가 얇아서 큰일이야**.

　　A : 鯛が入っているから鯛焼きって言うんだよ。
　　B : 本当？ 友達に教えてあげなきゃ。
　　A : おい、本当に信じてるの？ 騙されやすいのも困るね。

★ "**붕어**（フナ）**빵**（パン）" で「鯛焼き」。
★ "**귀가**（耳が）**얇다**（薄い）" で、「人の言うことを簡単に信じてしまう」という意味。
★ "**큰**（大きな）**일**（こと）" で「大変なこと」「重大なこと」の意味。

488 비행기 태우지 마세요.
ピヘンギ テウジ マセヨ

▶ おだてないでください。

A: 미영씨는 얼굴도 예쁘고 마음도 착하고. 정말 매력적이네요.
B: 너무 **비행기 태우지 마세요**. 떨어지겠어요.

> A: ミヨンさんは顔も可愛いし性格もいいし。本当に魅力的ですね。
> B: おだてないでください。なんだか居心地が悪いです。

★ "**비행기를** (飛行機に) **태우다** (乗せる)"で、「おだてる」という意味で使う。飛行機つながりで、"**떨어지겠어요**"は「(飛行機から) 落ちそうです」。ここでは「なんだか居心地が悪いです」と意訳。

489 혀를 내두를 정도였어.
ヒョルル ネドゥルル チョンドヨッソ

▶ 舌を巻くほどだった。

A: 이번 콩쿠르에서 우승한 애는 12살이래?
B: 12살이라 해도 음악성은 **혀를 내두를 정도였어**.

> A: 今度のコンクールで優勝した子って 12歳だって？
> B: 12歳といっても音楽性は舌を巻くほどだったよ。

★ 12살 …[열두살]と読む。
★ "**혀를** (舌を) **내두르다** (振り回す)"で「舌を巻く」という慣用句。

490 가시밭길을 가는 거야?
カシバッキルル カヌン コヤ

▶ いばらの道を行くの？

A: 그러면 지금의 안정된 생활을 버리고 **가시밭길을 가는 거야**?
B: 그래. 힘들겠지만 보람이 있을 것 같아.

> A: じゃあ、今の安定した生活を捨てていばらの道を行くの？
> B: うん。大変だろうけど、やりがいがありそうだよ。

★ "**가시밭길을** (いばらの道を) **가다** (行く)"は「とてもつらい道を選ぶ」という意味。
★ **보람** …甲斐。効果。

491 팔짱만 끼고 있지 말고.

パルッチャンマン キゴ イッチ マルゴ

▶ぼうっとしてないで。

A: 팔짱만 끼고 있지 말고 빨리 도와줘.
B: 알았어. 지금 할 거야.

 A：ぼうっとしていないで早く手伝ってよ。
 B：わかった。今やるよ。

★ "**팔짱만** (腕組みだけ) **끼고 있다** (している)"は、「手をこまねく」「何もしないで見ているだけ」という意味で使われる。

492 발 뻗고 잘 수 있겠네요.

パル ポッコ チャル ス イッケンネヨ

▶足を伸ばして寝られますね。

A: 일이 잘 해결돼서 이제 발 뻗고 잘 수 있겠네요.
B: 예, 많이 도와주셔서 감사합니다.

 A：うまく解決したから、もう足を伸ばして寝られますね。
 B：はい。力を貸してくださってありがとうございます。

★ "**발을** (足を) **뻗고** (伸ばして) **자다** (寝る)"で、日本語と同じように「せいせい気が晴れる」という意味で使われる。

493 눈코 뜰 새 없이 바쁘죠?

ヌンコ トゥル セ オプシ パップジョ

▶目が回る忙しさでしょ?

A: 직장일 하면서 쌍둥이까지 키우느라고 눈코 뜰 새 없이 바쁘죠?
B: 남편이 잘 도와주니까 그렇지도 않아요.

 A：仕事しながら、双子を育てるなんて、目が回る忙しさでしょう?
 B：夫がよくやってくれるので、そうでもありませんよ。

★ "**눈코** (目鼻) **뜰 새** (開ける暇) **없다** (ない)"は、「目が回るほど忙しい」の意味で使われる。

494 왜 그렇게 기가 죽었니?
ウェ クロケ キガ チュゴンニ

▶何でそんなにしょげてるの？

A : 왜 그렇게 기가 죽었니?
B : 선생님한테 심하게 꾸중을 들었어요.

  A : 何でそんなにしょげてるの？
  B : 先生にひどく叱られたんです。

★ "**기가**（気が）**죽다**（死ぬ）" で「気が沈む、しょげる」の意味。

★ "**꾸중을**（文句を）**듣다**（聞く）" で、「叱られる」の意味。

495 금강산도 식후경이잖아.
クムガンサンド シクギョンイジャナ

▶花より団子だよ。

A : 벚꽃이 예쁘다! 한바퀴 돌아보자.
B : 아! 배고파. 우선 점심부터 먹자. **금강산도 식후경이잖아.**

  A : 桜がきれい！ 一回りしようよ。
  B : ああ。お腹空いた。まずはお昼食べよう。花より団子だよ。

★ "**금강산도**（金剛山も）**식후경**（食後景）" は「花より団子」の意味で使われる。

★ 金剛山は、朝鮮半島の東端にある太白山脈に属する北朝鮮側にある山。かねてから名山と言われている。

496 작심삼일로 끝나버렸죠.
チャクシムサミリルロ クンナボリョッチョ

▶三日坊主で終わったよ。

A : 나 햄버거하고 아이스크림 먹을래.
B : 너 다이어트 선언 안했어?
A : 당연히 **작심삼일로 끝나버렸죠.**

  A : 私、ハンバーガーとアイスクリームにする。
  B : 君、ダイエット宣言しなかった？
  A : 当然、三日坊主で終わったよ。

★**선언** …宣言。

★**작심삼일** …決心が三日と続かないこと。三日坊主。漢字で「作心三日」。

497 가는 날이 장날이라더니.
カヌン ナリ チャンナリラドニ

▶当てが外れてしまって。

A : 저 오늘은 도서관에 가서 열심히 공부하고 올게요.
B : 〈30 분후〉 왜 벌써 오니?
A : **가는 날이 장날이라더니**… 도서관이 쉬는 날이잖아요.

- A : 今日は図書館でがんばって勉強してくるよ。
- B : 〈30 分後〉もう帰ってきたの?
- A : 当てが外れてしまって…図書館の休館日だったんだよ。

★ "**가는** (行く) **날이** (日が) **장날이다** (市の日だ)" は、二つの意味をもつ。一つ目は「いろいろ買い物できて楽しかったなあ」というような、「思いがけず収穫の多い一日だった」という意味。二つ目は「人に会うためにせっかく出向いたのに、そこに市が立っているので、行き違いになって会うことができなかった」つまり、「当てが外れた」という意味。

498 입이 짧아서 걱정이에요.
イビ チャルパソ コクジョンイエヨ

▶好き嫌いが激しくて心配です。

A : 아이가 **입이 짧아서 걱정이에요**.
B : 괜찮아요. 저도 어렸을 때는 가리는 음식이 많았는데, 지금은 아무거나 잘 먹어요.

- A : 子どもが好き嫌いが激しくて心配です。
- B : 大丈夫ですよ。私も子どもの頃は好き嫌いが多かったけど、今は何でもよく食べます。

★ "**입이** (口が) **짧다** (短い)" は「食べ物の好き嫌いが激しい」という意味で使われる。"**음식을** (食べ物を) **가리다** (えり好みする)" も「好き嫌いをする」の意味。

499 이미 엎질러진 물이잖아.
イミ オプチルロジン ムリジャナ

▶覆水盆に返らずだよ。

A: 할아버지께서 고려청자가 깨진 걸 아셨나 봐요.
B: 이미 엎질러진 물이잖아. 용서를 빌 수밖에 없지, 뭐.

    A: おじいさんに高麗青磁が割れたことばれたみたい。
    B: 覆水盆に返らずだよ。許してくれってお願いするしかないよ。

★ "엎질러진 (こぼした) 물이다 (水だ)" は「覆水盆に返らず」の意味。

★ 뭐 …感嘆詞。「~なんだって」「~だよ」という意味で使われる。

500 언제 국수를 먹여줄 거냐.
オンジェ ククスルル モギョジュル コニャ

▶いつ麺を食べさせてくれるの。

A: "언제 국수를 먹여줄 거냐"는 말 정말 듣기 싫어요.
B: 왜요? 그게 무슨 말이에요?
A: 한국에선 국수를 먹여준다는 말은 결혼을 한다는 뜻이에요.

    A: 「いつ麺を食べさせてくれるのか」って、もう聞きたくありません。
    B: なんで？どういう意味ですか？
    A: 韓国では麺を食べさせるという言葉は、結婚するという意味なんですよ。

★【語幹＋기 싫다】で「~のが嫌だ」「~たくない」の意味。ここでは "듣다 (聞く)" を使って "듣기 싫다 (聞きたくない)"。

501 이열치열이란 말도 모르냐?
イヨルチヨリラン マルド モルニャ

▶暑い時こそ熱いものをって知らない？

A: 이렇게 더운데 라면 끓여 먹어?
B: 넌 "이열치열" 이란 말도 모르냐?

    A: こんなに暑いのに、ラーメン作るの？
    B: 「暑い時こそ熱いものを」って知らない？

★ "이열치열" は漢字で「以熱治熱」と書き「熱をもって熱を癒す」という意味。

★ "이열치열이란 말도" は "이열치열이라고 하는 말도 (以熱治熱という言葉も)" の縮約形。

502 입에 딱 맞는 떡이 어디있어.
イベ タク マンヌン トギ オディイッソ

▶ぴったり合うことなんてないよ。

A: 지금 다니는 회사는 나하고는 잘 안 맞는 것 같아서 다른 일자리를 알아보고 싶은데요.

B: **입에 딱 맞는 떡이 어디있어**. 지금 회사에서 좀 더 열심히 해봐.

  A: 今の会社は私に合わないようなので、ほかの職場を探してみたいのですが。
  B: ぴったり合うことなんてないよ。今の会社でもう少し頑張ってみなよ。

★"입에 (口に) 맞는 (合う) 떡 (もち)"は、「自分にぴったりなこと」という意味で使われる。

503 손가락으로 셀 정도였는데.
ソンカラグロ セル チョンドヨンヌンデ

▶数えるほどしかなかったのに。

A: 이 동네에도 식당이 많이 생겼네.

B: 그러게. 예전에는 **손가락으로 셀 정도였는데**.

  A: この町にも食堂がたくさんできたね。
  B: そうだね。以前は数えるほどしかなかったのに。

★**손가락** …指。"**손** (手) **가락** (指)"なので、正確には「手の指」。
★"**손가락으로** (指で) **셀** (数える) **정도** (程度)"で物事が少ない様子を表す。

504 쥐구멍에라도 들어가고 싶네.
チュィクモンエラド トゥロカゴ シムネ

▶穴があったら入りたい。

A: 왜 그렇게 힘이 없어?

B: 내 실수로 회사가 큰 손해를 봤어. **쥐구멍에라도 들어가고 싶네**.

  A: どうして元気がないの？
  B: 私のミスで会社に損害を出してしまって。穴があったら入りたい。

★"**힘이** (力が) **없다** (ない)"で「元気がない」。
★"**손해를** (損害を) **보다** (見る)"で、「損害をこうむる」の意味。
★**쥐구멍** …ネズミの穴。

505 무덤을 파고 있는 것 같지 않니?
ムドムル　パゴ　インヌン　コッ　カチ　アンニ

▶墓穴を掘ってるようなもんじゃない？

A : 우리 같은 아마츄어가 프로를 이길 수 있겠냐?
B : 그러게 말이야! 우리가 스스로 **무덤을 파고 있는 것 같지 않니**?

　　A : うちのようなアマチュアがプロに勝てるわけないよね？
　　B : そうだよ。自分で墓穴を掘ってるようなもんじゃない？

★**아마츄어** …アマチュア。

★"**제 무덤을** (自分の墓を) **파다** (掘る)" で「墓穴を掘る」の意味。

506 긁어 부스럼을 만든 꼴이 됐네.
クルゴ　ブスロムル　マンドゥン　コリ　テンネ

▶やぶへびだったみたいだな。

A : 부장님, 신입사원의 환영회는 언제 하실 거예요?
B : 어, 그래. 자네가 준비해줄래?
A : 아, 예, 알겠습니다. … **긁어 부스럼을 만든 꼴이 됐네**.

　　A : 部長、新入社員の歓迎会はいつ行いますか？
　　B : ああ、そうだ。君が準備してくれる？
　　A : え、はい、わかりました。…やぶへびだったみたいだな。

★**환영회** …歓迎会。

★"**긁어** (掻いて) **부스럼을** (おできを) **만들다** (作る)" は「やぶへび」「寝た子を起こす」などの意味。

507 눈이 빠지도록 기다리고 있는데.
ヌニ パチドロク キダリゴ インヌンデ

CHECK✓

▶首を長くして待ってるけど。

A : 너 결혼 안 할거야?
B : **눈이 빠지도록 기다리고 있는데** 백마 탄 왕자님이 안 나타나네요.

　　A : 結婚しないの？
　　B : 首を長くして待ってるけど、白馬の王子様が現れなくて。

★【語幹＋도록】でものごとの程度や限界を表す。「～するまで」「～するほど」の意味。ここでは"**빠지다**（落ちる）"を使って、"**눈이**（目が）**빠지도록**（落ちるほど）"。日本語の「首を長くして」と同じ意味。

★**백마 (를) 탄 왕자님** …白馬に乗った王子さま。

508 바늘방석에 앉아 있는 것 같았어.
パヌルパンソゲ アンジャ インヌン コ カタッソ

CHECK✓

▶針のむしろだった。

A : 사장님하고 회식했다면서? 좋았어?
B : 아니, 요즘 내 영업실적이 안 좋아서 **바늘방석에 앉아 있는 것 같았어.**

　　A : 社長と会食だったんでしょ？ どうだった？
　　B : いや、最近、営業成績が良くないんで、針のむしろだったよ。

★"**바늘**（針）**방석**（ざぶとん）"で「針のむしろ」。ほかに"**가시**（とげ）**방석**（ざぶとん）"ともいう。

★【語幹＋아/어 있다】で状態を表す。「～ている」の意味。ここでは"**앉다**（座る）"を使って、"**앉아 있다**（座っている）"。

CHAPTER 9　193

INDEX 韓国語索引

ㄱ

가는 날이 장날이라더니.	189
가리는 음식이 많아.	45
가슴이 두근거려.	133
가슴이 아프더라.	62
가슴이 찡해서.	59
가슴이 찢어질 것 같았어.	70
가시밭길을 가는 거야?	186
가엾어라.	51
가장 중요한 요소입니다.	165
간단히 말씀해 주세요.	163
간단히 말해서,	148
간이 크더라.	173
같이 있기만해도 행복해.	143
걱정하지 마.	78
건강에 안 좋아.	114
건배!	28
겉보기와 달리,	59
견적을 내주세요.	152
결혼하자.	126
경기가 바닥을 쳤어요.	163
경기는 어떻습니까?	158
고민하고 있어요.	63
고백했는데.	127
고운말 좀 써라.	114
고집불통이니까.	99
고집이 되게 세네.	99
곧 익숙해질 테니까.	82
골치 아프네.	54
과식했네.	28
관심이 없어.	56
괜찮습니다.	148
굉장하지.	73
구역질이 나.	94
궁금하지 않니?	23
궁금해 죽겠어.	60
궁합이나 한번 볼까?	45
귀가 가렵다.	173
귀가 따가워.	173
귀가 얇아서 큰일이야.	185
귀찮으시겠지만,	151
그거 봐라.	10
그건 나쁜 버릇이야.	99
그건 편견이야.	96
그것도 몰라?	94
그게 무슨 뜻입니까?	159
그게 아니라,	15
그냥 구경만 하고 있는 거예요.	48
그냥 그래.	11
그래?	4
그래서 헤어졌구나.	137
그랬던가?	13
그러게 말이야.	21
그러고 보니,	17
그러니까 내가 말했잖아.	122
그러면 그렇지.	20
그러면 좋지.	17
그런거 아니겠어?	24
그런데,	6
그럴 리가 없어.	22
그럴 줄 알았어.	21
그럼 나중에 보자.	25
그렇게 할 수도 있지.	25
그렇구나.	10
그렇지도 않아.	21
그림의 떡이지.	176
그만 두는 게 좋지 않을까요?	124
그만 이야기합시다.	118
그만두자.	89
그치?	2
근본적으로 해결해야지.	123
글쎄말이야.	14
글자가 깨져서,	149
긁어 부스럼을 만든 꼴이 됐네.	192
금강산도 식후경이잖아.	188
기가 막혀서 말이 안나와.	105
기다리게 해서 죄송합니다.	167
기다린 보람이 있었네.	46
기대되네!	30
기대만큼은 아니던데.	45
깜짝 놀랐어.	54
꼭 보답하겠습니다.	157
꼭 안아 줄게.	129
꽝이야.	88
꿈 깨!	108
꿈만 같아.	52
끝까지 해야지.	112
끝내준다.	74
끽소리도 못했는데.	66

ㄴ

나 좋아하는 사람 있어.	142
나도 갈걸 그랬네.	42
나도 좀 끼워줘.	35
나도그래.	11
나랑 데이트 할래?	136
나랑 상관없어.	59
나랑 헤어지겠다는 거야?	144
나중에 설명할게.	24
나한테 묻지마.	60
나한테 뭐 숨기는 거 있어?	145
난 아무것도 몰라.	25
난 항상 자기만 생각해.	142
남 주기 아까워지네.	139
내 마음 알지?	130
내가 그랬나?	18
내가 보증하지.	79
내가 속이 좁은 건가?	138
내가 할게.	52
내기할까?	31
내말 듣고 있어?	23
내버려 둬.	53
너 바보니?	89
너때문이야.	92
너를 위해서 그러는 거야.	123
너무 긴장돼.	54
너무 깊이 생각하지 마.	122
너무 늦었습니다.	151
너무 성급한 것 아니야?	141
너무 좋았어.	55
너밖에 없어.	77
널 지켜주고 싶어.	134
노력은 인정할게.	62
노력한 보람이 있네요.	84
노력해 보겠습니다.	157
놀라지 마.	109
누구한테 들었어?	26
누구한테도 말하면 안돼.	123
누워서 떡 먹기죠.	180
눈 깜짝 할 사이에,	181
눈물이 저절로 나네.	67
눈에 넣어도 안 아플 것 같아.	86
눈이 빠지도록 기다리고 있는데.	193
눈치도 빠르네.	79
눈코 뜰 새 없이 바쁘죠?	187
늦어서 미안해.	36
늦었구나.	29
늦지 않도록 내세요.	159
니 손 꼭 잡아 줄게.	137
니덕이야.	11

ㄷ

다 없었던 걸로 해줘.	102
다른 방법이 없습니까?	166
다시 생각해 봐.	113

INDEX 195

다시 시작하자.	130
다시봤어.	74
다음에 다시 상의합시다.	165
담당자를 바꿔드리겠습니다.	168
당일치기로 갔다 올 수 있나?	47
더 이상 말하지마.	115
덕분에 잘 해결되었습니다.	163
덤으로 받은 거야.	43
됐죠.	2
될대로 되라지.	177
둘도 없는 친구잖아.	82
뒤를 밀어 줄게.	80
들어오시는 대로,	153
또 노래방이야?	39
똑똑하네.	74
뜻밖인데!	10

ㅁ

마음 먹었니?	174
마음에 들어?	34
마음에 안드세요?	154
마음이 굴뚝 같지만,	183
마음이 편해졌어.	63
마중나가겠습니다.	155
마침 잘됐다.	16
막차를 놓쳤어.	35
만족했어.	29
말 돌리지 마.	111
말 안 해주면 모르잖아.	122
말로만 그러는 거지.	183
말만 들어도 고맙다.	83
말씀 좀 전해 주세요.	160
말에 가시가 박혀 있네요.	69
말이 안돼.	90
말이 좀 심하다.	113
말하기가 좀 거북한데….	121
말해봐.	6
맙소사!	7
맛을 들였나 보네요.	182
맛있겠다.	29
맞아.	3
맞지?	5
먹을 만해.	30
먼저 실례하겠습니다.	160
몇가지 묻겠습니다.	157
모처럼의 기회였는데.	161
몰라도 돼.	53
몰라보게 예뻐졌어.	83
몸 보신하자.	33
몸둘 바를 모르겠네요.	162
몸조리 잘하세요.	80
못 먹는 거 있어?	40
못 참겠어.	90
못쓴다.	88
무덤을 파고 있는 것 같지 않니?	192
무리하지 마세요.	81
무슨 예정 있어요?	155
무슨 이야긴데?	60
무슨 일이 있었어?	26
문제없습니다.	148
뭐 훔쳐 먹었지?	40
뭐라 할까….	12
뭔가 빠진 것 같아.	101
뭔가 수상해.	55
미안해.	6
믿을 만한가?	22

ㅂ

바가지 썼나봐.	176
바늘방석에 앉아 있는 것 같았어.	193
바람 안 피웠어.	132
바람 좀 쐬자.	76
바람을 맞았거든.	178
바로 연락드리겠습니다.	164
반성하세요.	109
발 끊어.	108
발 뻗고 잘 수 있겠네요.	187
발걸음이 무거워.	64
발등에 불 떨어졌어.	183
발목을 잡혀서.	176
발이 넓으니까.	175
방정떨지말고.	96
방해하지 마.	110
배가 아픈데.	174
배꼽 쥐고 웃었어.	42
배탈이 난 것 같아.	44
뱃속이 시커먼 놈이야.	104
버릇이 돼가지고.	63
버릇이 없어.	94
벼락을 맞을거야.	178
변경할 수 있습니까?	160
변명 그만해.	93
별것 아니지만,	149
별로.	3
보고 싶었어.	128
보고 싶은데.	55
보나마나 멋있지!	83
본론으로 들어갈까요?	162
부끄럽지 않습니까?	120
부디 좋은 사람 만나.	138
부럽네.	50
부부싸움은칼로 물 베기.	143
분명하게 말씀하십시오.	164
분위기 파악 좀 해라.	118
불쌍해 보여.	110
불안해.	50
비겁한 것 같아.	98
비행기 태우지 마세요.	186
빨리 정해.	91
빨리 집에 가자.	35
빼놓을 수 없죠.	38
뻔한데.	9

ㅅ

사과드리겠습니다.	155
사랑하는 사람은 너 밖에 없어.	146
사랑해서 그래.	131
사양하지 마세요.	152
사이 좋게 지내자.	135
삼각관계에 빠졌다는 말이야?	146
색안경 끼고 보지 마.	184
샘 내는 거야?	130
생각도 못했어.	61
생각이 전혀 없는데.	67
생전 처음이야.	36
서두르세요.	109
서두르지 마.	111
설마!	3
설명드리겠습니다.	156
세계로 눈 돌려 봐.	117
세월이 빠르다.	149
소문 난 맛집이래.	42
속상해 죽겠네.	61
손가락으로 셀 정도였는데.	191
손발이 척척 맞네요.	184
손에 땀을 쥐게 하더라.	46
손이 커.	172
수다나 떨자.	33
숙취 때문이야?	40
쉬! 조용!	28
승진하셨다면서요.	156
시간 낭비가 아냐?	117
시작이 반이야.	177
신경 쓰지 마.	76
신경 쓰지 않으셔도 됩니다.	167
실은,	4
싫어졌어.	51
싫어하셔요.	92
싸고 좋은데 아니?	43
싸구려라서 그런지.	44
쑥스럽구만.	128
쓸데 없는 걱정하지 마.	104

쓸데 없는 말은 안 하는게 좋아. 124	옥신각신하고 있어? 182	168
	옥에 티지. 172	일이 손에 안 잡혀. 154
ㅇ	옷이 날개라더니. 178	입 좀 다물어. 95
아까워서. 51	왜 그래? 8	입맛에 딱 맞네. 37
아는 척하지 마. 98	왜 그럴까? 14	입어봐도 돼요? 39
아마 그럴거야. 19	왜 그렇게 기가 죽었니? 188	입에 딱 맞는 떡이 어디있어.
아무것도 모르면서. 102	왜 나랑 결혼 못해? 137	191
아무것도 아니야. 24	왜 나를 힘들게 하는 거예요?	입에 맞으실지 모르겠어요. 47
아무래도 좋아. 97	145	입이 짧아서 걱정이에요. 189
아직 허락을 받지 못했어. 143	왜 남눈치를 보냐? 118	있잖아. 8
아직도 화났어? 131	왜 반대를 무릅쓰지? 156	잊어버려. 75
안된다고 했잖아. 116	왠지 끌려. 127	잊지 마. 108
안부 전해줘. 16	외롭지 않니? 58	
안타깝네. 52	요즘 어때? 14	**ㅈ**
알고 싶지도 않아. 64	욕심은 끝이 없는거예요. 177	자기야, 126
알았다니까. 15	우리 그만 만나자. 135	자신을 가지세요. 80
알았어. 7	우리 그만 화해하자. 139	작심삼일로 끝나버렸죠. 188
앞으로는 주의하세요. 162	우리 사귈까? 129	잔소리 좀 그만하세요. 121
앞이 캄캄하다. 96	우리 잘 어울릴까? 136	잘 되냐 9
앞이 캄캄해. 174	운이 나빠서 그런거니? 69	잘 될거야. 75
약 올리지 마세요. 100	웃어 넘겨. 75	잘 모르겠어요. 19
약속했잖아. 112	원래 멋있잖아. 36	잘 못 거셨어요. 150
양다리 걸친거잖아? 139	원하시는 대로 하세요. 164	잘 못 걸었습니다. 153
어깨가 무거운데요. 66	위로의 말씀을 드려야 겠네요.	잘 생각한 봤어? 114
어디 보자. 12	167	잘못했다고 인정해. 120
어디가 좋아? 129	위험하지 않겠어? 117	잠깐 나갔다 올께. 41
어떠세요? 32	의외로 8	장거리 연애라서. 133
어떤 남자가 좋아? 136	의외로 싸더라고. 37	재고가 떨어진 상태입니다. 166
어떻게 도와드릴까요? 161	이게 유행이래. 34	재수가 없구나. 61
어떻게 만났어요? 133	이기적인 것 같아. 101	재수가 좋아. 57
어떻게 생각해? 22	이럴 수가 있어? 98	저 혼자서는 결정을 못 내리겠
어떻게 알아? 18	이렇게 널 사랑하는데. 142	습니다. 169
어떻게 전해야할까? 138	이렇게 술꾼인 줄은 몰랐어. 47	저, 2
어떻게든 되겠지. 81	이메일 주소가 어떻게돼? 46	저도 그렇게 생각합니다. 165
어떻하지? 13	이미 엎질러진 물이잖아. 190	저랑 결혼해 주시겠어요? 144
어쩐지. 7	이번이 마지막이야. 119	정말 그러네요. 20
억울한 건 못 참아. 65	이열치열이란 말도 모르냐?	정말 근사해. 76
언제 국수를 먹여줄 거냐. 190	190	정말 놀랐어. 77
언제까지라도 기다릴게. 141	이유가 뭡니까? 150	정말이야? 13
얼굴 좀 보여줘. 38	이제 그만 해. 111	정신을 차려야지. 115
얼굴도 보기 싫어. 100	이제 아무도 못 믿겠어. 103	정신이 없어. 57
엉뚱한 짓을 했구나. 102	이제 지겨워. 93	제게 맡겨주세요. 152
여기서 기다릴게. 41	이제 질렸어. 95	제발 내 부탁 좀 들어줘. 68
여전하구나. 56	이제야 후회되네. 66	제정신이 아니었어. 67
역시. 4	이젠 늦었어. 93	제철 음식이라면, 41
열 받아 죽겠어. 97	이쪽으로 오십시오. 158	조금더 지켜보세요. 119
열심히 해라. 78	이차 가자. 30	조금만 참아라. 112
열심히 해야 되겠네요. 85	인기가 많아서 좀 걱정이야.	조심하세요. 15
예뻐라! 72	145	좋겠다. 9
오늘 무슨 날인지 알아? 141	인사가 늦었습니다. 158	좋겠다. 73
오늘따라 너무 고우시네요. 85	인정할 수 없어요. 65	좋은 생각이 났어. 65
오해를 풀어야 겠어. 140	일단 한번 먹어봐. 43	좋은 일이 있었어? 26
	일부러 와주셔서 감사합니다.	좋은 추억이 됐어. 135

좋은 회답을 기다리겠습니다.		철이 없는 짓만 하냐?	103	하지마.	88
	168	첫눈에 반했어.	131	한눈 팔지 마.	175
좋지.	72	청개구리라서.	175	한바퀴 돌자.	34
죽어도 안되는데.	64	초대해주셔서 감사합니다.	166	한번 해보자.	77
죽을 뻔했어.	56	촌스러운데.	92	한번만 용서해 주세요.	68
쥐구멍에라도 들어가고 싶네.		최고야.	73	한입으로 두말하네.	182
	191	최선을 다하면 되지.	84	한잔 할래?	32
쥐도 새도 모르게.	180	춥니?	5	한턱 낼게.	31
지금 괜찮아?	19	침이 고이네요.	38	할 거 다 했으니까.	82
지금 시간 있어?	23			할 마음만 있으면 돼!	84
진땀을 흘렸어요.	179	**ㅋ**		할 수 없지.	12
진수성찬이지?	39	칼같이 잘지켜.	58	할인 쿠폰이 있는데.	44
진정하세요.	110	콧대가 높아졌어.	179	항상 니 곁에 있잖아.	140
진짜 지루한데.	97	큰 소리 치고 있네.	101	해고당했다고요?	151
진짜?	5			행복하게 해줄게.	134
질투하는 거야?	132	**ㅌ**		행복한 가정을 꾸려야지.	144
집까지 데려다 줄래?	140	틀에 박힌 생각이에요.	104	행운을 빌게.	78
짚이는 거 없어?	115			허리가 부러지겠어요.	185
짜증 난다.	91	**ㅍ**		허리띠를 조르고.	179
짝사랑이야.	128	파김치가 돼버려요.	181	헛소리만 하니까.	100
		팔짱만 끼고 있지 말고.	187	헛수고였어.	53
ㅊ		평생 잊지 않겠습니다.	68	헤어지기 싫은데.	134
차였어.	126	포기하면 안 돼.	79	혀를 내두를 정도였어.	186
착각하지 마.	95	푸념만 늘어놓네요.	120	현실을 직시해라.	116
찬물을 끼얹은 듯.	181	푹 빠졌나 봐.	33	형편 없어.	91
창피하다.	50	필름이 끊겨서.	37	확인해 주시겠습니까?	161
찾아뵙고 싶은데요.	159			후회가 되네.	58
책임을 져야 할 거야.	121	**ㅎ**		힘 내.	72
철면피구먼.	172	하고 말고.	32	힘들어 죽겠어.	62

INDEX 日本語索引

あ
相変わらずだね。 56
愛しているのは君だけだよ。 146
愛してるからでしょう。 131
会いたいんだけど。 55
会いたかった。 128
あきらめちゃだめだよ。 79
あきれてものも言えない。 105
足止めされて。 176
足取りが重い。 64
味をしめたみたいだね。 182
足を伸ばして寝られますね。 187
頭が痛いよ。 54
頭に来てしょうがない。 97
暑いときこそ熱いものをって知らない？ 190
あっという間だね。 149
あっと言う間に、 181
当てが外れてしまって。 189
後で説明するよ。 24
穴があったら入りたい。 191
あのね、 8
あまのじゃくだから。 175
あまり深く考えないで。 122
あわてないで。 111
案ずるより産むが安しだよ。 177

い
いい思い出になった。 135
いい加減うんざり。 93
いいことあった？ 26
いいこと思いついた。 65
言いすぎ。 113
いいですよね。 2
いいな。 9, 73
いいね。 72
いい人に出会えるといいね。 138
言い訳しないで。 93
家まで送ってくれる？ 140
意外だね！ 10
意外と 8
意外と安かったよ。 37
いかがですか？ 32
息がぴったりですね。 184
いくつかお尋ねします。 157

急いでください。 109
一度相性でも見てみようか？ 45
一度やってみよう。 77
一番重要な要素です。 165
一生、忘れません。 68
一緒にいるだけで幸せ。 143
言ってくれなきゃわからないよ。 122
言ってみて。 6
一杯どう？ 32
いつまででも待ってるよ。 141
いつ麺を食べさせてくれるの。 190
いつもあなたのことだけ考えてる。 142
いつも君のそばにいるだろ。 140
いばらの道を行くの？ 186
今、いい？ 19
今、時間ある？ 23
イマイチ。 3
いまさら悔やまれるね。 66
嫌になったんだ。 51
嫌になったんです。 92
イライラする。 91
色眼鏡で見るなよ。 184

う
嘘ばっかりなんだから。 100
うまくいくよ。 75
うまくいってる？ 9
生まれて初めてなんだ。 36
うらやましいな。 174
うらやましいの？ 130
うらやましいよ。 50
浮気してないよ。 132
うわさのおいしい店だって。 42
うわさほどじゃなかったよ。 45
運が悪いのかな？ 69
うんざりだよ。 173

え
えっと、 2
遠距離恋愛なので。 133
遠慮なさらないでください。 152

お
おいしそう。 29
大口たたいてる。 101
おかげでうまくいきました。 163
お気に召しませんか？ 154
お口に合いますかどうか。 47
お悔やみを伝えないと。 167
遅れないように出してください。 159
怒らせないでください。 100
おごるよ。 31
お先に失礼します。 160
お先真っ暗だ。 96
お先真っ暗だよ。 174
おしゃべりしようよ。 33
お好きなようにしてください。 164
遅かったなあ。 29
遅くなってごめん。 36
お大事に。 80
おだてないでください。 186
落ち着いてよ。 110
お手数おかけしますが、 151
驚かないで。 109
お腹抱えて大笑いしたよ。 42
お腹こわしたみたい。 44
お前のせいだ。 92
おまけでもらったんだ。 43
お待たせして申し訳ありません。 167
お間違えのようです。 150
お招きいただきありがとうございます。 166
お迎えに上がります。 155
お目にかかりたいのですが。 159
思いもよらなかった。 61
お安いご用です。 180
俺と別れたいのか？ 144
俺の気持ちわかるだろ？ 130
お詫び申し上げます。 155

か
顔が広いから。 175
顔出してね。 38
顔見るのも嫌。 100
確認していただけますか？ 161
かけがえのない友達じゃない。 82

かけ間違えました。	153
賭けようか？	31
賢いね。	74
数えるほどしかなかったのに。	191
片思いなの。	128
肩の荷が重いです。	66
必ずお応えいたします。	157
かなりはまってるみたいだね。	33
我慢できない。	90
かわいい！	72
かわいそうに。	51
考え直しなよ。	113
簡単に言えば、	148
勘違いしないで。	95
乾杯！	28
がんばって。	78
がんばってみます。	157
がんばれ。	72

き

聞いてる？	23
記憶がとんじゃって。	37
気が早すぎるんじゃない？	141
気が楽になった。	63
危険じゃない？	117
きっちり守るよ。	58
気に入った？	34
気にするなよ。	76
気になって仕方ないよ。	60
気にならない？	23
気晴らししよう。	76
気前がいい。	172
君しかいないよ。	77
君のおかげだ。	11
君のために言っているんだよ。	123
君の手を握ってるよ。	137
君を守りたい。	134
気持ちはやまやまだけど、	183
気持ちを引き締めて。	179
ぎゅってしてあげる。	129
今日何の日かわかる？	141
今日は一段とおきれいで。	85
興味ない。	56
きれいな言葉を使ってよ。	114
気をつけてください。	15

く

癖になっちゃって。	63
くたくたです。	181
口で言うだけだよ。	183
愚痴ばかりですね。	120
クビになったんだって？	151
首を長くして待ってるけど。	193
悔しくてたまらない。	61, 65

け

景気が底を打ちました。	163
景気はどうですか？	158
結婚しよう。	126
決心したの？	174
元気つけよう。	33
健康に悪いよ。	114
現実を直視しなよ。	116

こ

ご挨拶が遅れました。	158
幸運を祈るよ。	78
後悔してるんだ。	58
豪華でしょう？	39
誤解を解かなきゃ。	140
告白したんだけど。	127
ここで待ってるよ。	41
小言はやめてください。	121
心当たりはないの？	115
ご説明いたします。	156
ごたごたしてるの？	182
こちらへどうぞ。	158
こっそり。	180
ご伝言をお願いします。	160
言葉にトゲがありますね。	69
ごめん。	6
これが流行なんだって。	34
これで最後だよ。	119
今後は気をつけてください。	162
今度だけは許してください。	68
こんなに愛してるのに。	142
こんなに酒飲みとは思わなかった。	47
根本的に解決しなきゃ。	123

さ

最近どう？	14
最高！	73
最高だよ。	74
最後までやらなきゃ。	112
在庫を切らしております。	166
最低。	88
さびしくない？	58
寒いの？	5
三角関係ってこと？	146
散々だ。	91
残念だね。	52

し

幸せな家庭を作らないと。	144
幸せにするよ。	134
仕方ないよ。	12
時間の無駄じゃない？	117
仕事が手につかない。	154
自信をもってください。	80
舌を巻くほどだった。	186
試着してもいいですか？	39
しっ！ 静かに！	28
しっかりしなきゃ。	115
実は、	4
死ぬとこだった。	56
じゃあ、あとで。	25
邪魔しないで。	110
終電逃しちゃった。	35
旬の物って言ったら、	41
昇進されたんですね。	156
知らなくていいの。	53
知りたくもない。	64
信じていいの？	22
心配しないで。	78

す

好き嫌いが多い。	45
好き嫌いが激しくて心配です。	189
好きな人がいるの。	142
すぐにご連絡いたします。	164
すぐに慣れるから。	82
すごく緊張してる。	54
すごく退屈なんだけど。	97
すごくよかった。	55
すごく素敵。	76
少しだけ我慢して。	112
少しは空気を読みなよ。	118
すっぽかされたんだよ。	178
ステレオタイプな考え方ですよ。	104
するどいね。	79

せ

世界に目を向けてごらんよ。	117
責任とらなきゃ。	121
せっかくの機会だったのに。	161
せっぱつまっててね。	183
全部なかったことにして。	102

そ
そう？	4
そういえば、	17
そう言ってくれるとうれしいよ。	83
そうじゃなくて、	15
そうそう。	3
そうだっけ？	13
そうだと思った。	21
そうでしょ？	5
そうでもないよ。	21
相当頑固だね。	99
そうとも言えるね。	25
そうなんだ。	10
そら見ろ。	10
そりゃそうだよ。	20
それ以上言わないで。	115
それで、	6
それで別れたんだね。	137
それならいいね。	17
それなりにいけるよ。	30
それはどういう意味ですか？	159
それはないだろ？	98
それは偏見だよ。	96
それは悪い癖だよ。	99
そんなこと言った？	18
そんなことも知らないの？	94
そんなつもりはないんだけど。	67
そんなはずない。	22
そんなもんじゃない？	24

た
たいしたものではありませんが、	149
大丈夫です。	148
大胆なヤツだよ。	173
態度がでかくなった。	179
大変で死にそう。	62
高嶺の花だよ。	176
だから言ったじゃない。	122
ダサいんだけど。	92
楽しみだね！	30
多分そうだと思う。	19
食べすぎだ。	28
食べられないものある？	40
騙されやすいのも困るね。	185
玉にキズだね。	172
ダメだ。	88
だめだって言ったのに。	116
だよね？	2
誰に聞いたの？	26
誰にも言っちゃだめだよ。	123
担当者に代わります。	168

ち
力になるよ。	80
調子に乗らないで。	96
ちょうど好みの味だよ。	37
ちょうどよかった。	16
ちょっと言いにくいのですが…。	121
ちょっと黙ってて。	95
ちょっと出かけて来る。	41
ちょっとわがままだよね。	101

つ
ついてないね。	61
ついてるよ。	57
付き合おうか？	129

て
できるだけのことをすればいいよ。	84
手短にお願いします。	163
手を切りなよ。	108

と
どう思う？	22
どうか、お願い。	68
どうして？	8
どうして僕と結婚できないの？	137
どうしてもできないんだけど。	64
どうしよう。	13
どうぞお気遣いなく。	167
どうでもいいよ。	97
どうにかなるよ。	81
どうやって知り合ったの？	133
どうやって伝えればいいかな？	138
どうりで。	7
どこがいいの？	129
とりあえず一度食べてみて。	43
努力した甲斐がありましたね。	84
努力は認めるよ。	62
どれどれ。	12
とんでもないことしたね。	102
どんな男がいい？	136

な
仲間に入れて。	35
仲良くしよう。	135
なぜか惹かれるの。	127
何かあったの？	26
何かあやしい。	55
何かご用ですか？	161
何か予定ありますか？	155
何も言えなかったけどね。	66
何も知らないくせに。	102
涙が出てくる。	67
悩んでいます。	63
なるほど。	20
なるようになるよ。	177
何ていうか…。	12
何でごり押しするんだろう？	156
何で知ってるの？	18
何でそんなにしょげてるの？	188
何でだろう？	14
何で人の目を気にするの？	118
何でもない。	24
何で私をいじめるの？	145
何となく。	11
何となく物足りない。	101
何の話なの？	60
何も知らないよ。	25

に
二次会行こう。	30
二枚舌だな。	182

ぬ
盗み食いしたでしょう？	40

ね
ねえ、	126

は
バカじゃないの？	89
バカなことばかりしてるんだね？	103
吐き気がする。	94
はぐらかさないで。	111
恥知らずだね。	172
恥ずかしいよ。	50, 128
恥ずかしくないんですか？	120
はずせないでしょう。	38
罰があたるよ。	178
はっきりおっしゃってください。	164
話にならない。	90
花より団子だよ。	188

INDEX

離れたくないな。	134
パニックだったんだよ。	67
早く帰ろうよ。	35
早く決めて。	91
腹黒いヤツだよ。	104
ハラハラしたね。	46
針のむしろだった。	193
反省してください。	109

ひ

日帰りで行って来られるかな。	47
卑怯な感じだよ。	98
びっくりした。	54
ぴったり合うことなんてないよ。	191
一回りしよう。	34
一目ぼれしたんだ。	131
冷や汗をかきました。	179

ふ

不安で。	50
夫婦げんかは仲がいい証拠。	143
覆水盆に返らずだよ。	190
二股かけてるんじゃない?	139
二日酔いのせい?	40
振られたよ。	126

へ

変更できますか?	160

ほ

ぼうっとしてないで。	187
ほかの方法はありませんか?	166
ほかのヤツに譲るのが惜しくなるな。	139
僕が保証するよ。	79
僕がやるよ。	52
僕たち、お似合いかな?	136
僕とデートしない?	136
墓穴を掘ってるようなもんじゃない?	192
ほっといて。	53
ぼられたみたい。	176
本題に入りましょうか。	162
本当!	5
本当なの?	13
本当に驚くよ。	77

ま

任せてください。	152
馬子にも衣装と言うけど。	178
まさか!	3
マジで!	7
まだ怒ってる?	131
またカラオケ?	39
また今度相談しましょう。	165
まだ許してもらってないの。	143
間違いを認めなよ。	120
待った甲斐があったね。	46
まったく。	14, 21
満足だった。	29

み

水を打ったように。	181
見た目と違って、	59
見違えるほどかわいくなったね。	83
三日坊主で終わったよ。	188
みっともないよ。	110
見積もりを出してください。	152
見てるだけです。	48
認められません。	65
見直した。	74
身に余るお言葉です。	162
耳がかゆい。	173
見るまでもなくかっこいいよ!	83

む

無駄骨だった。	53
胸が熱くなって。	59
胸が痛かったよ。	62
胸がきゅんとする。	133
胸がはりさけそうだった。	70
無理しないでくださいね。	81

め

メールアドレス、教えて。	46
目が回る忙しさでしょ?	187
目に入れても痛くない。	86
目を覚ませよ!	108

も

もう会うのをやめよう。	135
もういいよ。	89
もう遅い。	93
もうこの話はやめましょう。	118
もう少しがんばらなきゃね。	85
もう少し見守ってください。	119
もう大変で。	185
もうたくさん。	95
もう誰も信じられないよ。	103
もう仲直りしよう。	139
もう間に合いません。	151
もうやめたほうがよくないですか?	124
もうやめて。	111
文字化けして、	149
もちろんするよ。	32
もったいなくて。	51
もてるから心配なの	145
もとがいいから。	36
戻り次第、	153
ものすごい。	73
問題ありません。	148

や

焼きもちやいてるの?	132
約束したじゃない。	112
安くていいところある?	43
安物だからかな。	44
やっぱり。	4
やぶへびだったみたいだな。	192
やめて。	88
やり直そう。	130
やる気さえあれば大丈夫!	84
やることはすべてやったんだから。	82

ゆ

融通きかないから。	99
夢みたい。	52

よ

よいお返事をお待ちします。	168
よく考えたの?	114
欲にはキリがない。	177
よくわかりません。	19
余計なことは言わない方がいい。	124
余計な心配しないで。	104
よそ見するな。	175
よだれが出ますね。	38
余裕がない。	57
よろしく言っといて。	16

り

理由は何ですか?	150

れ
礼儀がなってないね。　94

わ
わかった。　7
わかったってば。　15
わかったような口きかないで。　98
わかりきってるよ。　9
わざわざお越しいただきありがとうございます。　168
忘れないで。　108
忘れなよ。　75
私と結婚してくださいますか？　144
私に聞かないで。　60
私に何か隠し事があるの？　145
私には関係ない。　59
私の心が狭いのかな？　138
私一人では決められません。　169
私も。　11
私も行けばよかったな。　42
私もそう思います。　165
笑ってすまそうよ。　75
割引券があるんだけど。　44
悪い。　6

INDEX　203

〈著者紹介〉
石田美智代（いしだ みちよ）
1987年韓国高麗大学民族文化研究所語学研修コース修了。1990年法政大学法律学科卒業。2009年静岡大学人文社会科学研究科修士課程修了。大学卒業後、司法通訳、ビジネス翻訳等に従事。現在、静岡大学、常葉学園大学で韓国語非常勤講師。著書に『基本がわかるはじめての韓国語』（成美堂出版）、『日常韓国語会話辞典』（永岡書店）、『指さしイラスト会話 JAPAN 韓国語〜日本語』（実業之日本社）、『とっさの言いまわし やさしい韓国語会話』（高橋書店）など。

気持ちが伝わる！韓国語リアルフレーズ BOOK

2011年 7月 1日　初版発行
2016年 6月10日　5刷発行

著者
石田美智代（いしだ みちよ）
Ⓒ Michiyo Ishida, 2011

KENKYUSHA
〈検印省略〉

発行者
関戸雅男

発行所
株式会社　研究社
〒102-8152　東京都千代田区富士見 2-11-3
電話　営業(03)3288-7777㈹　編集(03)3288-7711㈹
振替　00150-9-26710
http://www.kenkyusha.co.jp/

印刷所
研究社印刷株式会社

装幀・中扉デザイン
Malpu Design（清水良洋・大胡田友紀）

装画・挿画
トヨクラタケル

本文デザイン
株式会社インフォルム

ISBN 978-4-327-39421-9　C0087　Printed in Japan